普通高等院校"十三五"计算机教育规划教材

（第二版）

数据结构实验教程

（C/C++语言版）

张仕 黄晞 严晓明 编著

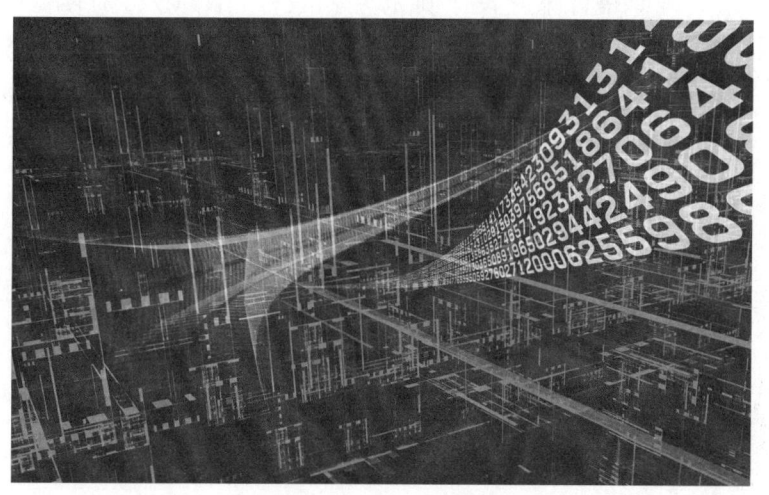

厦门大学出版社 国家一级出版社
XIAMEN UNIVERSITY PRESS 全国百佳图书出版单位

图书在版编目(CIP)数据

数据结构实验教程：C/C++语言版 / 张仕，黄晞，严晓明编著. —厦门：厦门大学出版社，2018.6(2019.12重印)

ISBN 978-7-5615-7019-7

Ⅰ.①数… Ⅱ.①张… ②黄… ③严… Ⅲ.①数据结构-师范大学-教材 ②C语言-程序设计-师范大学-教材 Ⅳ.①TP311.12 ②TP312.8

中国版本图书馆 CIP 数据核字(2018)第 117362 号

出 版 人	郑文礼
责任编辑	郑 丹
封面设计	李嘉彬
技术编辑	许克华

出版发行	*厦门大学出版社*
社　　址	厦门市软件园二期望海路 39 号
邮政编码	361008
总 编 办	0592-2182177　0592-2181406(传真)
营销中心	0592-2184458　0592-2181365
网　　址	http://www.xmupress.com
邮　　箱	xmup@xmupress.com
印　　刷	厦门市明亮彩印有限公司
开　本	787 mm×1 092 mm　1/16
印　张	10.75
字　数	260 千字
版　次	2018 年 6 月第 2 版
印　次	2019 年 12 月第 2 次印刷
定　价	32.00 元

本书如有印装质量问题请直接寄承印厂调换

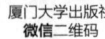
厦门大学出版社
微信二维码

厦门大学出版社
微博二维码

前　言

数据结构不但是计算机科学与技术专业的核心课程,而且逐渐成为所有理工科专业的重要选修课程。其主要研究内容是数据的逻辑结构、存储结构及其操作,目的在于培养学生的数据抽象能力,为学生解决实际问题时进行数据的组织和操作奠定基础。数据结构实验的目的正是配合完成数据结构课程的教学要求。同时,该课程的另一现实教学目的是训练学生进行复杂程序设计的基本技能,培养良好的程序设计习惯,提高学生动手能力,以加深其对数据结构定义、算法、算法应用的理解。

1. 写作目的

数据结构是软件设计师的必备工具,但是在众多专业课中,数据结构却被很多学生认为是一门很难学习的课程。通过学生的反馈,我们发现理解数据结构中的线性表、队列、树等概念和操作并不难,数据结构真正的难点在于:(1)难以实现从数据结构概念到程序实现的跨越(即如何实现一个数据结构);(2)难以实现从实际应用到数据结构抽象的跨越(即利用数据结构解决实际问题)。为此,提高学生在这门课程上的实际动手能力就显得尤为重要。基于此,我们编写本书,希望能够在具体的实验上为学生提供一些指导,使学生能够掌握数据结构的理论和抽象到实现、应用的方法。

2. 本书结构

本书第 1 章为抽象数据类型,该章以复数为例给出抽象数据类型定义和实现例;第 2 章至第 8 章分别是线性表、栈、队列、串、二叉树、图、查找和排序七个重要结构和算法的实现和应用;第 9 章则综合利用了所学的结构和算法,给出一个综合实验例。本书附录一是实验报告的基本格式和内容要求;附录二是一个在 VS2015 下进行调试程序、发现问题的实例。附录三和附录四则是"查找和排序"这一章的支撑程序,分别给出了数据自动生成和排序结果检查软件。

3. 本书的使用

在学习数据结构这门课以及进行数据结构实验时,假定学生已经掌握至少一门程序设计语言,并且具备初步的程序设计能力。虽然本书中的所有实例使用 C 或 C++语言实现,但是也可以作为使用其他语言实现数据结构提供参考。

为了能够更好地复习所学知识,并在实际中加以应用,实验 1、实验 2、实验 4、实验 5 及实验 8 采用的是非面向对象结构设计,而实验 3、实验 6、实验 7 和实验 9 则采用面向对象的 C++语言作为参考程序的实验语言以及面向对象程序设计思想。在使用本书时,也可以对比面向过程和面向对象的实现方法,理解它们的实质。本书的参考程序尽量从各种数据结构的通用性出发,考虑其实际的应用,体现了一次构造多次使用的思想。

本书可以作为数据结构课程学习过程中的配套教材使用,也可以为爱好程序设计和自学程序设计的人员提供参考。教师可以根据课时的具体情况调整各部分课时分布。

4. 一些说明

在一些具体的应用中,通常把数据结构各种操作定义(若是类,则是类定义)写在.h文件中,把具体的实现写在.cpp文件中。当使用模板时,由于模板分离编译问题,若把定义和实现分开存放,需要在应用时引入实现文件.cpp,这在某种程度上丧失了.h定义的作用。所以,在本实验指导中,凡是使用模板的参考程序,均把.h和.cpp文件合并在一起,也就是实现和定义统一存放在.h文件中,以简化理解和使用。

5. 第二版修改说明

本次主要增加了"第4章 队列及其应用",并增强了一些例子的实用性;改写了"查找与排序"这一章,使代码更加易于阅读;改写了第9章,增加了面向对象程序设计方法和策略模式的应用;改写了附录二,使调试入门部分更加完整;增加了附录三和附录四,分别给出了数据自动生成程序和排序结果检查程序。其中,数据自动生成程序可自动生成指定数量的记录数据,作为"查找与排序"章节中的实验数据,排序结果检查程序则用于对用户排序后的数据进行检查,判断其是否有序。由于各种版本C/C++编译器的变化,以及对语言的支持情况不同,可能会导致typedef与结构体struct使用的问题,针对该问题,可以直接利用class来替代struct;或者可以把struct的定义放到对应的类定义中。

6. 致谢

本书得到了福建师范大学数学与计算机学院郭躬德教授,严宣辉副教授认真细致的审阅,厦门大学出版社的有关人员也为本书的出版做了大量细致的工作,在此,特向他们表示由衷的谢意。由于作者水平和认识所限,本书难免存在疏漏之处,还请读者批评指正。如对本书有任何疑问,欢迎与作者取得联系。作者信箱:shi@fjnu.edu.cn。附录二,附录三,附录四的程序下载地址:https://pan.baidu.com/s/1tMvIAvKyaIyYs08HF49Dfw。

编者

2019年12月

目　录

第 1 章　抽象数据类型 ... 1
1.1　实验目的 ... 1
1.2　实验内容及要求 ... 1
1.2.1 实验内容 ... 1
1.2.2 实验要求 ... 1
1.3　知识点提示 ... 2
1.3.1 抽象类型定义 ... 2
1.3.2 复数 ... 2
1.3.3 抽象数据类型的复数例 ... 2
1.3.4 结构体类型定义 ... 3
1.3.5 程序的组织 ... 4
1.4　实验步骤 ... 4
1.5　实验程序参考 ... 5
1.5.1 Complex.h ... 5
1.5.2 Complex.cpp ... 6
1.5.3 main.cpp ... 8
1.5.4 运行截图 ... 9
1.6　常见问题及思考 ... 10
1.6.1 常见问题及解答 ... 10
1.6.2 思考 ... 10
1.7　选做：三元组 ... 11

第 2 章　线性表 ... 12
2.1　实验目的 ... 12
2.2　实验内容及要求 ... 12
2.2.1 实验内容 ... 12
2.2.2 实验要求 ... 12
2.3　知识点提示 ... 13
2.3.1 线性表的基本定义 ... 13
2.3.2 线性表的顺序存储结构 ... 13
2.3.3 线性表顺序表示的插入操作 ... 14
2.3.4 线性表顺序表示的删除操作 ... 15
2.3.5 线性表的链式存储结构 ... 15

2.3.6 线性链表的插入操作 ··· 16
　2.4 实验步骤 ·· 17
　2.5 实验程序参考 ·· 18
　　2.5.1 Common.h ·· 18
　　2.5.2 LinkList.h ·· 18
　　2.5.3 main.cpp ·· 22
　　2.5.4 运行截图 ·· 25
　2.6 常见问题及思考 ·· 25
　2.7 选做：线性表的逆置 ·· 26

第3章　栈及其应用 ·· 27
　3.1 实验目的 ·· 27
　3.2 实验内容及要求 ·· 27
　　3.2.1 实验内容 ·· 27
　　3.2.2 实验要求 ·· 27
　3.3 知识点提示 ·· 28
　　3.3.1 顺序栈的结构定义 ·· 28
　　3.3.2 链栈的结构定义 ·· 28
　　3.3.3 栈的基本操作 ·· 29
　3.4 实验步骤 ·· 29
　3.5 实验程序参考 ·· 30
　　3.5.1 SeqStack.h ·· 30
　　3.5.2 main.cpp ·· 32
　　3.5.3 结果截图 ·· 33
　3.6 常见问题及思考 ·· 33
　3.7 选做：迷宫问题 ·· 34
　　3.7.1 问题描述 ·· 34
　　3.7.2 参考程序 Stack.h ·· 34
　　3.7.3 参考程序 Main.cpp ·· 36

第4章　队列及其应用 ·· 40
　4.1 实验目的 ·· 40
　4.2 实验内容及要求 ·· 40
　　4.2.1 实验内容 ·· 40
　　4.2.2 实验要求 ·· 40
　4.3 知识点提示 ·· 41
　　4.3.1 队列的基本概念与操作 ······································ 41
　　4.3.2 顺序队列 ·· 41
　　4.3.3 循环队列 ·· 42
　　4.3.4 改进的凯撒加密法 ·· 44

4.4 实验步骤	44
4.5 实验程序参考	44
4.5.1 CircularQueue.h	44
4.5.2 main.cpp	46
4.5.3 结果截图	49
4.6 常见问题及思考	49

第5章* 串的模式匹配 ... 50

5.1 实验目的	50
5.2 实验内容及要求	50
5.2.1 实验内容	50
5.2.2 实验要求	50
5.3 知识点提示	51
5.3.1 ADT SString	51
5.3.2 字符串的存储结构	51
5.3.3 朴素匹配算法	52
5.3.4 KMP算法	53
5.4 实验步骤	54
5.5 实验程序参考	55
5.5.1 SString.cpp	55
5.5.2 main.cpp	57
5.5.3 结果截图	57
5.6 选做:两种子串匹配算法的性能对比	58

第6章 二叉树的建立、遍历及常用运算 ... 59

6.1 实验目的	59
6.2 实验内容及要求	59
6.2.1 实验内容	59
6.2.2 实验要求	60
6.3 知识点提示	60
6.3.1 ADT Tree	60
6.3.2 二叉树的存储结构	61
6.3.3 二叉树的遍历	62
6.3.4 二叉树遍历的非递归算法(中序)	63
6.3.5 二叉树构造的递归算法(扩展先序)	64
6.4 实验步骤	64
6.5 实验程序参考	65
6.5.1 BiTree.cpp	65
6.5.2 main.cpp	70
6.5.3 运行截图	71

6.6 常见问题及思考 ……………………………………………………………………… 72
6.7 选做:哈夫曼树与哈夫曼编码 ……………………………………………………… 72

第 7 章 图及其应用

7.1 实验目的 ……………………………………………………………………………… 73
7.2 实验内容及要求 ……………………………………………………………………… 73
  7.2.1 实验内容 ……………………………………………………………………… 73
  7.2.2 实验要求 ……………………………………………………………………… 73
7.3 知识点提示 …………………………………………………………………………… 74
  7.3.1 图的抽象数据类型 …………………………………………………………… 74
  7.3.2 邻接矩阵表示法 ……………………………………………………………… 74
  7.3.3 邻接表表示法 ………………………………………………………………… 75
  7.3.4 图的深度优先遍历 …………………………………………………………… 76
  7.3.5 图的广度优先遍历 …………………………………………………………… 77
  7.3.6 最短路径算法 ………………………………………………………………… 78
7.4 实验步骤 ……………………………………………………………………………… 79
7.5 实验程序参考 ………………………………………………………………………… 80
  7.5.1 ArcInfoType.h ………………………………………………………………… 81
  7.5.2 VertexInfoType.h ……………………………………………………………… 81
  7.5.3 Queue.h ……………………………………………………………………… 82
  7.5.4 ALGraph.h …………………………………………………………………… 84
  7.5.5 Main.cpp ……………………………………………………………………… 93
  7.5.6 输入文件 ……………………………………………………………………… 94
  7.5.7 运行截图 ……………………………………………………………………… 95
7.6 常见问题及思考 ……………………………………………………………………… 95
7.7 实验扩展 ……………………………………………………………………………… 96

第 8 章 查找与排序

8.1 实验目的 ……………………………………………………………………………… 97
8.2 实验内容及要求 ……………………………………………………………………… 97
  8.2.1 实验内容 ……………………………………………………………………… 97
  8.2.2 实验要求 ……………………………………………………………………… 98
8.3 知识点提示 …………………………………………………………………………… 99
  8.3.1 直接插入排序 ………………………………………………………………… 99
  8.3.2 快速排序 ……………………………………………………………………… 100
  8.3.3 堆排序 ………………………………………………………………………… 101
  8.3.4 顺序查找 ……………………………………………………………………… 102
  8.3.5 二分查找 ……………………………………………………………………… 103
8.4 实验步骤 ……………………………………………………………………………… 104
8.5 实验程序参考 ………………………………………………………………………… 105

8.5.1 SortApp.cpp ……………………………………………………………… 105
　　8.5.2 排序运行截图 ……………………………………………………………… 109
　　8.5.3 SearchApp.cpp …………………………………………………………… 110
　　8.5.4 查找运行截图 ……………………………………………………………… 113
　8.6 常见问题及思考 ………………………………………………………………… 114
　8.7 实验扩展 ………………………………………………………………………… 114

第9章　综合实例——内存分配模拟系统 ……………………………………… 115
　9.1 课程设计目的 …………………………………………………………………… 115
　9.2 课程设计内容 …………………………………………………………………… 115
　　9.2.1 背景介绍 …………………………………………………………………… 115
　　9.2.2 内存分配算法 ……………………………………………………………… 116
　　9.2.3 策略模式 …………………………………………………………………… 116
　9.3 课程设计过程 …………………………………………………………………… 117
　　9.3.1 系统的总体设计 …………………………………………………………… 117
　　9.3.2 系统的类定义 ……………………………………………………………… 117
　　9.3.3 首次适应算法 ……………………………………………………………… 119
　　9.3.4 最佳适应算法 ……………………………………………………………… 120
　　9.3.5 最差适应算法 ……………………………………………………………… 121
　9.4 实验程序参考 …………………………………………………………………… 122
　　9.4.1 Job 与 JobList 类 ………………………………………………………… 122
　　9.4.2 EmptyBlock 类 …………………………………………………………… 124
　　9.4.3 EmptyBlockManager 类 ………………………………………………… 125
　　9.4.4 AllocateStrategy 类 ……………………………………………………… 128
　　9.4.5 策略实现类 ………………………………………………………………… 129
　　9.4.6 主程序文件——MemoryAllocationSimulator.cpp …………………… 133
　9.5 系统运行结果截图 ……………………………………………………………… 136
　9.6 实验扩展 ………………………………………………………………………… 138

附录一：实验报告规范 …………………………………………………………………… 140

附录二：VS2015 简单调试 ……………………………………………………………… 142

附录三：数据生成软件 …………………………………………………………………… 151

附录四：排序结果检查软件 ……………………………………………………………… 155

参考文献 ……………………………………………………………………………………… 159

第 1 章　抽象数据类型

抽象数据类型(Abstract Data Type,简称 ADT)是指一个数学模型以及定义在该模型上的一组操作,或者定义为由一个值域和定义在该值域上的一组操作。抽象数据类型实际上是定义数据结构的一种通用的工具,它与具体的语言、具体的实现环境无关。

1.1 实验目的

1. 掌握程序设计的基本方法,复习 C/C++语言,并实现简单的算法设计。
2. 掌握结构体类型/类的定义方法以及自定义数据类型的使用。
3. 掌握函数的设计及调用。
4. 掌握抽象数据类型的基本概念、定义。
5. 学会理解给定的 ADT 描述,从而利用程序语言加以实现。
6. 学习基本的程序组织方法和对抽象数据类型实现的应用。
7. 熟悉开发环境、程序调试的方法。

1.2 实验内容及要求

1.2.1 实验内容

1. 设计一个复数的抽象类型定义。
2. 实现一个结构体类型/类描述"复数"的结构定义。
3. 实现复数的初始化、加法、减法、乘法,以及求复数的实部、虚部等基本操作。
4. 编写函数对所实现的抽象数据类型进行测试,验证其正确性。

1.2.2 实验要求

1. 提前预习 C/C++语言中结构体类型/类的定义与使用方法。
2. 对所定义数据类型的应用中,要求通过该类型所提供的函数/类方法实现对该结构体类型/类内部数据的操作,而不是直接访问结构体类型/类的内部数据,从而达到抽象和封装的效果。
3. 对所定义类型的操作,要求完成复数的加、减、乘、除四则运算,并获取和设置复数实、虚部,初始化等操作。
4. 编写完整的程序,完成实验内容,并上机调试和运行。
5. 整理并上交实验报告。
6. 本次实验要求在 2 学时内完成。

1.3 知识点提示

1.3.1 抽象类型定义

抽象数据类型用一个三元组(D,S,P)表示;其中 D 表示数据对象,S 是 D 上的关系集,P 是对数据对象 D 的基本操作集合。

(1)抽象数据类型的定义格式:

ADT 抽象类型名{
  数据对象:＜数据对象定义＞
  数据关系:＜数据关系定义＞
  基本操作:＜基本操作定义＞
}ADT 抽象数据类型名

(2)抽象数据类型中基本操作的定义格式:

基本操作名(参数表)
  初始条件:＜初始条件描述＞
  操作结果:＜操作结果描述＞
  赋值参数:为操作提供输入值;
  引用参数:既可为操作提供输入值,还返回操作结果;
  初始条件:指操作前数据结构和参数应满足的条件。
      若不满足,操作失败,返回相应错误信息。
      初始条件为空,省略之。
  操作结果:操作正常完成,数据结构的变化和返回结果。

在实际使用抽象数据类型定义某一数据类型时,常常会省略其中的若干部分,从而达到对定义的灵活应用。例如,定义复数加法操作时没有涉及操作定义中的引用参数,那么便可以忽略该部分。

1.3.2 复数

形如 $z=a+bi$(其中 a,b 是任意实数)的数称为复数(complex number),其中规定 i 为虚数单位,且 $i^2=i*i=-1$。将复数 $z=a+bi$ 中的实数 a 称为复数 z 的实部(real part);实数 b 称为复数 z 的虚部(imaginary part)。特殊的,当 $b=0$ 时,$z=a$,这时复数成为实数;而当 $a=0$ 且 $b\ne 0$ 时,$z=bi$,则将其称为纯虚数。

1.3.3 抽象数据类型的复数例

ADT Complex{
  D: {real,imag| e1,e2 为实数}
  R: {＜real,imag＞}
  P: float SetReal(Complex x,float real)
    赋值参数:所要操作的复数 x 和将为复数 x 赋的实部 real

操作结果:复数 x 的实部设置为 real
float SetImag(Complex x,float imag)
 赋值参数:所要操作的复数 x 和将为复数赋的实部 imag
 操作结果:复数 x 的虚部设置为 imag
Complex add(Complex x,Complex y)
 赋值参数:所要相加的两个复数 x,y
 操作结果:返回两个复数 x 与 y 的和
Complex sub(Complex x,Complex y)
 赋值参数:相减操作的被减数 x,减数 y
 操作结果:返回复数 x－y 的结果
Complex multi(Complex x,Complex y)
 赋值参数:相乘操作的被乘数 x,乘数 y
 操作结果:返回两个复数 x 与 y 的乘积
Complex except(Complex x,Complex y)
 赋值参数:除法操作的被除数 x,除数 y
 操作结果:返回复数 x 除以复数 y 的结果
void InitialComplex(Complex & x,float r,float i)
 赋值参数:所要初始化复数 x,实数 r,实数 i
 操作结果:设置复数 x 的实部为 r,虚部为 i
float GetReal(Complex x)
 赋值参数:复数 x
 操作结果:返回复数 x 的实部
float GetImag(Complex x)
 赋值参数:复数 x
 操作结果:返回复数 x 的虚部
}

1.3.4 结构体类型定义

Typedef 是 C/C++语言的关键字,其作用是用于定义一种新的数据类型(也可以理解为是给一种数据类型定义一个新名字)。定义新数据类型的基础可以是程序内部基础数据类型 int、float、char 等,也可以是已经定义的结构体类型。其用法为:

 typedef dataType newDataTypeName

例如,函数返回值常用于表示函数执行的状况,则可以定义:typedef int STATUS;该语句定义一个类型 STATUS,专门用于对应函数的返回值,让程序员能够形成条件反射,也让程序变得更具可读性。

在本实验中,将定义一个新的数据类型 Complex,它是由若干部分数据组成的,这时可以利用结构体定义该类型如下:

 typedef struct {
  float real;

```
    float imag;
}Complex;
```

在此定义之后,语句"Complex complex;"就表示定义了一个结构体变量Complex,该结构体类型中包括两个基本元素,分别是浮点类型的real和浮点类型的imag。

1.3.5 程序的组织

写程序时,很多同学习惯把所有的程序都放到一个文件中保存。当所写程序稍微有些复杂时,就非常容易导致程序文件过于庞大、杂乱,从而降低了程序的可读性。

我们知道,简洁的东西容易理解,过于复杂的东西则不易把握。试想,如果一本书没有章节、没有目录,那么整本书的结构和脉络将会难以把握。一下子展示全部的细节反而会使整体结构模糊不清,写程序也是如此。

基于此,在设计程序时,应该单独定义各个抽象数据类型的实现,让它们成为相对独立的个体,并且尽量减少个体之间的依赖性,以便它们在多数场合都可以单独使用。如何做到呢? 其中,文件就是一个最基本的分类组织工具。在组织文件时,应尽量把具有相同特性、属于同一抽象数据类型的定义和该抽象数据类型的操作函数放到同一个文件中,而不是把所有代码都堆积到一个文件中。之后,通过文件之间的相互引用,把这些文件整合成为一个可运行的项目。

以本次实验为例,要实现一个复数及其基本操作,同时对该复数要加以应用,所以可以利用两个文件来组织本次实验的程序代码。其中一个文件"Complex.h"专门用于定义复数的结构以及复数所要实现的函数的定义,而"Complex.cpp"则用于复数基本操作的实现,而另外一个对复数加以应用的文件(包含main函数以实现复数的应用),只需要引入复数定义文件,同时对其加以利用便可。对复数的使用者而言,只需要关心"Complex.h"中所定义的函数头,知道如何调用每一个函数便可,而无须细读"Complex.cpp"文件中复数操作的具体实现。

当然对于一些更加大规模的程序,还可以利用头文件、文件夹/包等方式组织程序,从而让程序具有更好的可读性,这些将在以后的实验中逐步加以应用。

1.4 实验步骤

1. 熟悉复数的基本概念,掌握复数的基本组成、基本运算原理。
2. 建立本次实验的项目文件,添加一个"Complex.h"文件、一个"Complex.cpp"文件和一个"main.cpp"文件。其中"Complex.h"文件用于存储复数的结构定义和操作对应的函数头,而"Complex.cpp"文件则用于实现"Complex.h"中所定义的操作,"main.cpp"文件用于存储主函数,实现复数的应用。
3. 根据复数的基本组成,设计用于表示复数的结构体类型/类,也就是要求用结构体类型/类"封装"复数对应的实部、虚部等具体内容。
4. 根据复数抽象类型定义中所指的基本操作,定义并实现复数初始化,实部、虚部的获取和设置函数。
5. 根据复数抽象类型定义中所指的基本运算,定义并实现复数的加、减、乘、除四则运算。

6. 编写一个主函数,接收用户的输入,并根据输入构造两个复数变量。
7. 在主函数中对步骤 6 中构造的复数进行各种运算,验证各种运算结果的正确性。
8. 对以下实例进行计算,并察看结果的正确性:

   (3+5i)+(−5−2i)=−2+3i

   (3+5i)−(−5−2i)=8+7i

   (3+5i)∗(−5−2i)=−5−31i

   3+5i 实部为 3,虚部为 5
9. 完成实验,撰写实验报告并提交。

1.5 实验程序参考

实验参考程序由三个文件组成,其中 Complex.h 定义了复数数据类型的结构和函数头,Complex.cpp 则实现了 Complex.h 中所定义的函数,最后 Main.cpp 中包含了对复数的简单应用。

1.5.1 Complex.h

/***

Complex.h 中定义了抽象数据类型 Complex,包括了结构体的定义,以及建立在结构体上的运算。对于一个抽象数据类型而言,建立相应的数据类型,和对这个抽象数据类型进行运算的定义,同样是必要的。

Complex.h 文件中定义了复数类型所有函数头,具体的实现在 Complex.cpp 中。

这些定义和操作主要包括:

1. 定义数据类型 Complex,封装了两个单精度的实数。
2. 函数 GetReal(Complex x)返回复数 x 的实部。
3. 函数 GetImag(Complex x)返回复数 x 的虚部。
4. 函数 void SetReal(Complex &x,float real)设置复数 x 的实部为 real。
5. 函数 void SetImag(Complex &x,float imag)设置复数 x 的虚部为 imag。
6. 函数 add(Complex x,Complex y)返回两个复数 x 与 y 的和。
7. 函数 sub(Complex x,Complex y)返回两个复数 x 与 y 的差。
8. 函数 multi(Complex x,Complex y)返回两个复数 x 与 y 的乘积。
9. 函数 except(Complex x,Complex y)返回复数 x 除以复数 y 的结果。
10. 函数 InitialComplex(Complex &x,float r,float i)利用输入的实虚部数据初始化复数 x。

***/

#include<stdio.h>

/* 定义数据类型 complex,封装了两个单精度的实数,其中 real 是实数,imag 是虚部。
   用 typedef 把结构体类型用指定的关键字 Complex 来表示,这样可以和用 C 语言的
   类型关键字一样的形式去定义变量。*/

```
typedef struct {
    float real;
    float imag;
}Complex;
/* 对数据类型 Complex 的操作,在.h 文件中只定义函数头。*/
//初始化复数值
void InitialComplex(Complex &x,float r,float i);
//函数 GetReal(complex x)返回复数 x 的实部。形参为复数类型。
//返回值为单精度实数。
float GetReal(Complex x);
//函数 GetImag(complex x)返回复数 x 的虚部。形参为复数类型。
//返回值为单精度实数。
float GetImag(Complex x);
//函数 SetReal(complex x)设置复数 x 的实部。形参为复数类型以及实部值。
void SetReal(Complex &x,float real);
// 函数 SetImag(complex x)设置复数 x 的虚部。形参为复数类型以及虚部值。
void SetImag(Complex &x,float imag);
/* 函数 add(complex x,complex y)返回两个复数 x 与 y 的和。形参共有两个,都为复
数类型。返回值为复数类型。 */
Complex add(Complex x,Complex y);
/* 函数 sub(complex x,complex y)返回两个复数 x 与 y 的差。形参共有两个,都为复
数类型。返回值为复数类型。 */
Complex sub(Complex x,Complex y);
/* 函数 multi(complex x,complex y)返回两个复数 x 与 y 的乘积。形参共有两个,都
为复数类型。返回值为复数类型。 */
Complex multi(Complex x,Complex y);
/* 函数 except(complex x,complex y)返回复数 x 除以复数 y 的结果。形参共有两
个,都为复数类型。返回值为复数类型。 */
Complex except(Complex x,Complex y);
```

1.5.2 Complex.cpp

/***
以下代码均为抽象数据类型 Complex 的操作实现,主要实现了 complex.h 中定义的函
数,包括初始化、设置实虚部、获取实虚部、加、减、乘、除。
***/

```
#include<stdio.h>
#include "complex.h"
//初始化复数值
void InitialComplex(Complex &x,float r,float i)
```

```c
{
    x.real=r;
    x.imag=i;
}
//函数 GetReal(complex x)返回复数 x 的实部。形参为复数类型。返回值为单精度实数。
float GetReal(Complex x)
{
    return x.real;
}
//函数 GetImag(complex x)返回复数 x 的虚部。形参为复数类型。返回值为单精度实数。
float GetImag(Complex x)
{
    return x.imag;
}
//函数 SetReal(complex x)设置复数 x 的实部。形参为复数类型以及实部值。
void SetReal(Complex &x,float real)
{
    x.real=real;
}
// 函数 SetImag(complex x)设置复数 x 的虚部。形参为复数类型以及虚部值。
void SetImag(Complex &x,float imag)
{
    x.imag=imag;
}
/* 函数 add(complex x,complex y)返回两个复数 x 与 y 的和。形参共有两个,都为复数类型。返回值为复数类型。*/
Complex add(Complex x,Complex y)
{
    Complex z;
    z.real=x.real+y.real;
    z.imag=x.imag+y.imag;
    return z;
}
/* 函数 sub(complex x,complex y)返回两个复数 x 与 y 的差。形参共有两个,都为复数类型。返回值为复数类型。*/
Complex sub(Complex x,Complex y)
{
    Complex z;
    z.real=x.real-y.real;
```

```
    z.imag = x.imag - y.imag;
    return z;
}
```
/* 函数 multi(complex x,complex y)返回两个复数 x 与 y 的乘积。形参共有两个,都为复数类型。返回值为复数类型。*/
```
Complex multi(Complex x,Complex y)
{
    Complex z;
    z.real = x.real * y.real - x.imag * y.imag;
    z.imag = x.real * y.imag + x.imag * y.real;
    return z;
}
```
/* 函数 except(complex x,complex y)返回复数 x 除以复数 y 的结果。形参共有两个,都为复数类型。返回值为复数类型。*/
```
Complex except(Complex x,Complex y)
{
    Complex z;
    z.real = (x.real * y.real + x.imag * y.imag)/(y.real * y.real + y.imag * y.imag);
    z.imag = (x.real * (-y.imag) + y.real * x.imag)
            /(y.real * y.real + y.imag * y.imag);
    return z;
}
```

1.5.3 main.cpp

```
/**************************************************/
//main 函数实现的是对已定义的抽象数据类型 Complex 的应用。
//可以按要求输入测试数据的实部和虚部,或者直接在程序中对这几个复数进
//行赋值,再进行验证。
/**************************************************/
#include "complex.h"
void main()
{
    Complex a,b,c;
    float r=0,i=0;
    //输入第一个复数,并初始化复数
    printf("请输入第一个复数的实部,虚部值,用空格隔开:\n");
    scanf("%f %f",&r,&i);
    InitialComplex(a,r,i);
    //输入第二个复数,并通过设置实虚部的方式初始化复数
```

```
    printf("请输入第二个复数的实部,虚部值,用空格隔开:\n");
    scanf("%f %f",&r,&i);
    SetReal(b,r);
    SetImag(b,i);
    //打印出两个复数
    printf("第一个复数的实部为:%f,虚部为:%f。\n",GetReal(a),GetImag(a));
    printf("第二个复数的实部为:%f,虚部为:%f。\n",GetReal(b),GetImag(b));
    //复数进行四则运算
    printf("两个复数之和:");
    c=add(a,b);
    printf("%f %f\n",GetReal(c),GetImag(c));
    printf("两个复数之差:");
    c=sub(a,b);
    printf("%f %f\n",GetReal(c),GetImag(c));
    printf("两个复数乘积:");
    c=multi(a,b);
    printf("%f %f\n",GetReal(c),GetImag(c));
    printf("两个复数的商:");
    c=except(a,b);
    printf("%f %f\n",GetReal(c),GetImag(c));
}
```

1.5.4 运行截图

按照上述步骤实现复数的基本操作,并在 main 函数中对所定义的复数加以应用。最后运行该程序,并且输入两个复数,可以得到如图 1.1 所示的运行结果。

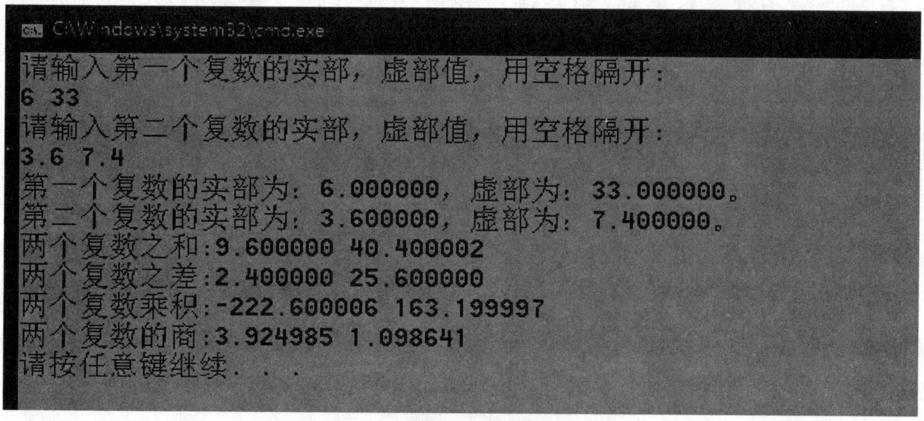

图 1.1 复数实验结果运行截图

1.6 常见问题及思考

1.6.1 常见问题及解答

1. 数据类型和抽象数据类型是如何定义的。二者有何相同和不同之处,抽象数据类型的主要特点是什么?使用抽象数据类型的优点是什么?

答:要解答该问题,首先必须搞清楚什么是数据类型,以及什么是抽象数据类型。一般来讲,数据类型是指数据所属的种类,需要和我们在程序设计语言中所说的数据类型加以区别。在 C 语言中,其数据类型可以分为基本类型和构造类型。基本类型包括:整型、浮点型、字符型;构造类型包括:数组、结构、联合、指针、枚举型、自定义类型,这些都是数据类型的具体实现。

抽象数据类型则是由用户定义,用以表示应用问题的数据模型,包括定义、表示和实现三个部分。

从两者的定义可以很明显看出它们都是某一模型,用于描述某一类的数据;不同主要体现在它们描述的内容上,数据类型仅仅简单表示某一类变量的数据种类,而抽象数据类型可以是一个复杂的数据模型,可以用于描述具有复杂关系的数据,且包括基于该数据的操作。在面向对象程序设计语言中,类所描述的便是抽象数据类型的具体实例,如 String 类,Graph 类,Vector 类等。

抽象数据类型把数据、数据关系和基于数据的操作结合在一起,更加易于表示和使用。

2. 从复数 ADT 的这个实验里,主要要掌握什么?

答:实现复数 ADT 的这个实验,主要是想让学生掌握抽象数据类型的定义、用法。例如,数据类型在 C 语言中是如何定义的,在抽象数据类型中又占有什么样的地位;抽象数据类型还包含了对用户自定义的数据类型上的运算,这些运算如何在 C 语言中实现,如何组织这些实现程序。

在具体的实验中可能会发现:很多内容在以前学习 C 语言的时候,就已经有所涉及。如果以前接触过这样的编程方式,那么,要注意把这些代码和数据结构中的抽象数据类型的概念结合起来,以增强对 ADT 的理解。

3. 如何运行这个程序?

答:在 VS 2015(也可以是其他集成开发环境)中编写相关的代码,可以将上面的代码直接输入。运行和调试方式可以参照附录二中的内容。

4. 这个实验对后续的实验有什么帮助?

答:由于后续的实验,如栈、队列、树、图都是对应特定的抽象数据类型。因此,通过对复数 ADT 的实验,加深对于抽象数据类型的理解,对后续的实验起到一个很好的参考作用。同时,这种程序文件的组织方式,也将会在后继程序实验中应用。

1.6.2 思考

在实现时,为了设置或者获取复数的实部,为什么不直接用 x.real,而是设计为 get(x) 来获取复数 x 的实部值?这样做有什么好处?

1.7 选做:三元组

[问题描述]

设计实现抽象数据类型"三元组"。所谓的三元组,是指由任意三个实数的序列构成的数据类型,基本操作包括:创建一个三元组,取三元组的任意一个分量,置三元组的任意一个分量,求三元组的最大分量,求三元组的最小分量,两个三元组的加、减操作(对应分量相加或相减),给三元组的各分量同乘一个比例因子,显示三元组,销毁三元组等。

[基本要求]

1. 利用抽象数据类型描述三元组的定义。

2. 实现该三元组,定义一个结构体类型/类表示该三元组类型,并且基于该类型实现相关操作,包括初始化、设置、取三元组的任意一个分量,置三元组的任意一个分量,求三元组的最大分量,求三元组的最小分量,显示三元组等基本操作。

[实现提示]

用结构体封装"三元组"的三个分量,并利用 typedef 对结构体或结构体指针重新命名。

第 2 章　线性表

　　线性结构是最重要的一种基本结构,可以用于表示一个有序/无序的数据集。线性表这一数据结构正是基于线性结构而产生的。
　　线性表是一种逻辑结构为线性结构,存储结构未定的数据结构。当线性表采用顺序存储结构时,称为顺序表;当线性表采用链式存储结构时,称为线性链表。在线性表这种逻辑结构中,数据元素是两两相邻的,且不论其实现是采用顺序存储结构的顺序表,还是采用随机存储的线性链表,在内存中,它们都需要通过某种联系来反映数据元素间的这种逻辑关系。其中,顺序存储结构通过物理位置的相邻关系来表示元素逻辑上的相邻关系;而链式存储结构则通过指针来表示元素逻辑上的相邻关系。
　　本次实验要实现的是线性表的一种存储方法,并能够简单应用所实现的线性表,从而加深对课堂理论知识的理解,达到对所学知识的巩固和应用。

2.1 实验目的

1. 掌握程序设计的基本方法,要求能够利用 C/C++语言实现简单的算法设计。
2. 熟练掌握指针的应用。
3. 熟练掌握线性表的基本运算在顺序存储结构和链式存储结构上的实现。
4. 掌握顺序表以及线性链表的基本操作及其实现。
5. 能使用线性表来解决实际中遇到的问题。
6. 引导学生理解数据结构和数据结构应用之间的关系。
7. 学习模板在构造具有通用意义数据结构上的应用。

2.2 实验内容及要求

2.2.1 实验内容

1. 设计和实现线性表的数据结构。
2. 基于 1 所设计的线性表数据结构,实现线性表的初始化、插入、删除、查找等基本操作。
3. 利用所实现的线性表存储学生及其成绩信息。
4. 利用线性表的基本操作,实现学生成绩的插入、保存、查找、删除等操作。
5. 利用文件实现学生信息的保存、读取操作。

2.2.2 实验要求

1. 提前预习该实验所涉及的有关程序设计中文件操作、模板的使用。

2. 提前预习该实验线性表实现的相关内容，包括线性表的定义、线性表的两种存储结构实现方法、线性表操作的实现。

3. 选择一种线性表的存储结构（顺序存储或链式存储结构），实现该存储结构，并以该结构为基础实现线性表操作。

4. 利用实现的线性表存储学生学号及成绩信息列表，并利用线性表的基本操作实现对学生成绩的各类操作，主要包括插入、删除、查找等。

5. 编写完整的程序，并上机调试和运行。

6. 整理并上交实验报告。

7. 本次实验要求在 4 学时内完成。

2.3 知识点提示

线性表的实现包括顺序存储、链式存储两种，本小结中将分别阐述线性表的两种存储结构以及它们的部分操作，更详细的内容请参考教科书或者课程讲义。

2.3.1 线性表的基本定义

线性表是由 $n(n \geqslant 0)$ 个数据元素（结点）$a_1, a_2, \cdots, a_n$ 组成的有限序列。其中数据元素的个数 n 定义为线性表的长度。当 $n=0$ 时称为空表，常常将非空的线性表（$n>0$）记作：

$$(a_1, a_2, \cdots, a_n)$$

线性表逻辑结构的特点是：对于非空线性表，有且只有一个结点无直接前趋，有且只有一个结点无直接后继，其余的各个结点都有一个直接前趋及一个直接后继。

2.3.2 线性表的顺序存储结构

把线性表的结点按逻辑顺序依次存放在一组地址连续的存储单元里，用这种方法存储的线性表简称顺序表，如图 2.1 所示。

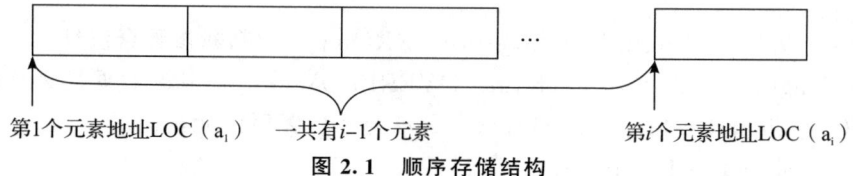

图 2.1　顺序存储结构

假设线性表的每个元素需占用 L 个存储单元，并以所占的第一个存储单元的存储地址作为数据元素存储的位置。则线性表中相邻的第 $i+1$ 个数据元素的存储位置 $LOC(a_{i+1})$ 和第 i 个数据元素的存储位置 $LOC(a_i)$ 之间满足关系：$LOC(a_{i+1}) = LOC(a_i) + L$

由此，线性表的第 i 个数据元素 a_i 的存储位置：$LOC(a_i) = LOC(a_1) + (i-1) * L$。

依据该存储结构，可以定义线性表的顺序表示如下：

```
Struct SqList
{
    DataType data[ListSize];     //数据区，ListSize 为线性表最大长度
```

```
    int length;              //当前线性表长度
    Info otherInfo;          //线性表的其他信息
};
```

2.3.3 线性表顺序表示的插入操作

线性表的插入运算是指在线性表的第 $i(1 \leqslant i \leqslant n+1)$ 个位置上，插入一个新结点，且其数据值为 x，使长度为 n 的线性表 $(a_1, \cdots, a_{i-1}, a_i, \cdots, a_n)$ 变成长度为 $n+1$ 的线性表 $(a_1, \cdots, a_{i-1}, x, a_i, \cdots, a_n)$，且原来的 $a_i \sim a_n$ 分别称为新线性表的第 $i+1 \sim n+1$ 个元素，插入操作如图 2.2 所示：

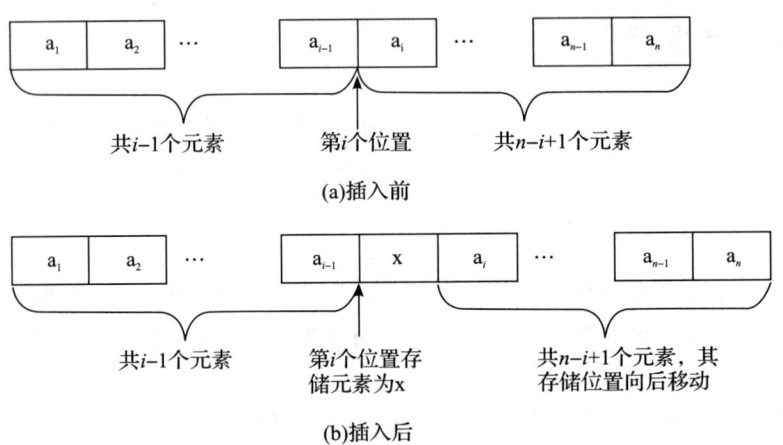

图 2.2 线性顺序表插入示意

插入操作可以分为两个步骤，首先是把 $(a_i, \cdots, a_n)$ 向后移动，空出第 i 个位置，接着在第 i 个位置插入元素 x。其实现如算法 2.1。

```
Status InsertList(SqList &L, DataType x, int I)
{
    if(I<1 || I>L.length+1) {return ERROR;}        //判断参数合法性
    if(L.length>=ListSize) {return OVERFLOW;;}     //判断数据是否会溢出
    for(j=L.length-1;j>=I-1;j--)                   //把 I 位置后的元素向后移动
        L.data[j+1]=L.data[j];
    L.data[I-1]=x;
    L.length++;
    return SUCCEED
}
```

算法 2.1 顺序表插入操作算法

对于线性顺序表而言，其插入操作主要的时间花费在 $(a_i, \cdots, a_n)$ 向后移动，需要的赋值操作为 $n-i+1$ 次。对线性表插入操作的时间复杂度分析可以分为三种情况——最好情况、最坏情况和平均情况，分别分析如下：

最好情况：如果插入操作的位置是线性表最后一个位置，也就是 I=L.Length+1，那么从算法中可以看出,不需要进入移动元素的循环中进行赋值操作便可直接把 x 赋值给 L.data[I-1]。这种情况下算法的时间耗费最小,也就是最好情况,只需要常数次操作,时间复杂度为 O(1);

最坏情况:如果插入操作的位置是线性表的第一个位置,也就是 I=1,那么要把元素插入第一个位置,首先需要把线性表所有元素全部向后移动,之后才可以执行插入操作。移动元素操作需要执行的次数为 L.Length 次,也就是 n。这种情况下算法的时间耗费最大,也就是最坏情况,其时间复杂度为 O(n);

平均情况:假设插入位置在 1 到 $n+1$(设 $n=$ L.Length)之间平均分布,那么每一个位置上插入的概率为 $1/(n+1)$。在第 i 个位置插入元素需要移动的元素个数为 $n-i+1$,由此,其平均情况下需要移动元素次数为 $\sum_{i=1}^{n+1} \frac{1}{n+1}(n-i+1) = \frac{n}{2}$,其时间复杂度为 O(n)。

2.3.4 线性表顺序表示的删除操作

线性表的删除运算是指将线性表的第 $i(1 \leqslant i \leqslant n)$ 元素删除,使长度为 n 的线性表: $(a_1, \cdots, a_{i-1}, a_i, a_{i+1}, \cdots, a_n)$ 变成长度为 $n-1$ 的线性表: $(a_1, \cdots, a_{i-1}, a_{i+1}, \cdots, a_n)$。

在实现时,只需要把第 $i+1$ 到 n 个的元素向前移动到第 i 到 n 个位置便可,第 i 个元素将会被覆盖。其实现可以参考算法 2.2。

```
Status deleteList(SqList &L,int I)
{
    if(I<1 || I>L.length)return ERROR;
    for(j=i;j<=L.length-1;j++)
        L.data[j-1]=L.data[j];
    L.length--;
    return SUCCEED;
}
```

算法 2.2 顺序表删除操作

和线性表顺序表示的插入操作类似,删除操作过程中主要的时间花费在元素的移动上,其时间复杂度也可以分为最好、最坏和平均情况。平均情况的时间复杂度为 O(n)(具体分析过程略,可以参考线性表顺序表示的插入操作时间复杂度分析过程)。

2.3.5 线性表的链式存储结构

线性表的链式存储中,链表结点的逻辑次序和物理次序不一定相同。为了能正确表示结点间的逻辑关系,在存储每个结点值的同时,还必须存储指示其后继结点的地址(或位置)信息,这个信息称为指针(pointer)或链(link)。结点值种链共同构成了链表中的结点结构,其结点的结构定义如下所示:

```
Typedef  struct  LNode{
    ElemType  data;
    struct  LNode  * next;
}LNode,LinkList;
```

对于线性链表而言，可以有两种表示方式，一种是包含头结点的情况（如图 2.3(a)），另外一种是不包含头结点的情况（如图 2.3(b)）。对于前者，该头结点的数据域没有实际意义，仅仅利用它的指针域指向第一个元素对应的结点，从而更加有利于链表操作的实现。

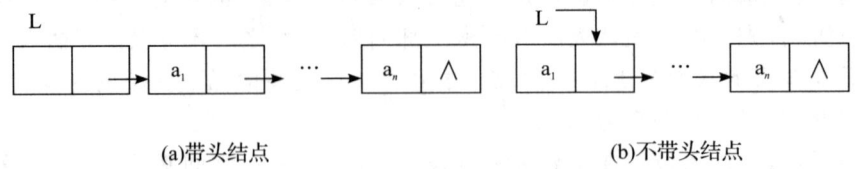

(a)带头结点　　　　　　　　　　(b)不带头结点

图 2.3　线性表链式存储结构的两种结构

在本文对线性链表的叙述中，利用的是带头节点定义方式，且头结点不同于数据结点。其主要原因在于：图 2.3(a)中，线性表头结点的数据域并没有任何意义，因此可以自定义一个专门的头结点，并且在头结点中设置数据域用于存储该线性链表的相关信息，例如线性表的长度等。由此，可以定义线性表头结点结构如下：

Typedef　struct　LinkList {
　　int Length;
　　OtherInfoType　info;
　　struct　LNode　* next;
} LinkList;

2.3.6　线性链表的插入操作

线性链表的插入运算是将值为 x 的新结点插入到线性链表，使之成为线性表的第 i 个结点，即插入到 a_{i-1} 与 a_i 之间。因此，必须首先找到 a_{i-1} 的结点地址 p（指针 p 指向插入位置的前一个元素），然后生成一个数据域为 x 的新结点 * q，并令结点 * p 的指针域指向新结点，新结点的指针域指向结点 a_i，以实现三个结点 a_{i-1}，x 和 a_i 之间逻辑关系的变化，插入过程具体如图 2.4 所示。

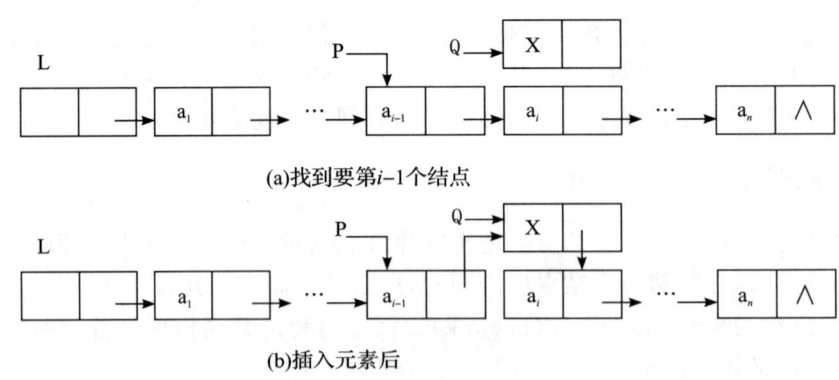

(a)找到要第 i-1 个结点

(b)插入元素后

图 2.4　线性链表插入操作

线性链表插入操作的算法描述如算法 2.3。
Status insertnode(LinkList L,ElemType x,int i)

```
{
    if(i<=0)return ERROR;//错误的插入位置
    p=L;
    while(p->next! =null and i>1)
        p=p->next;//向后移动 i-1 次,找到第 i-1 元素结点
    if(i>1)return ERROR;//错误的插入位置
    q=new LNode;
    q->data=x;
    q->next=p-next;
    p->next=q;
}
```

算法 2.3　线性链表插入操作

算法分析:从该算法可以看出,算法中除了一个 while 循环外,其余部分需要的操作次数为常数值。该 while 循环用于把指针 p 向后移动 $i-1$ 次,以便找到正确的插入位置。在插入成功的情况下,根据插入位置的不同,可以把插入操作的时间复杂度分为三种情况——最好情况、最坏情况和平均情况。

最好情况就是所要插入位置 $i=1$ 的情况,这种情况不需要移动指针 p,也就是不需要进入 while 循环,所以其插入操作时间复杂度为 O(1),是常数级。

最坏情况是元素要插入到线性链表的最后一个位置,也就是 $i=n+1$ 的情况,这时候为了找到要插入的位置,指针 p 需要向后移动 n 次,所以插入操作的时间复杂度为 O(n)。

平均情况是指所要插入的位置平均分布于 $1\sim n+1$,每一个位置插入元素的概率为 $1/(n+1)$。分别对这 $n+1$ 种情况进行分析,可以得到其插入时,指针 p 向后移动的平均次数为 $\sum_{i=0}^{n}\frac{i}{n+1}=\frac{n}{2}$,所以平均情况下,线性链表的插入操作时间复杂度为 O(n)。

2.4 实验步骤

1. 首先预习线性表的相关内容,明确实验任务。
2. 建立本次实验的项目,添加存储线性表实现的文件 LinkList.h,线性表应用程序文件 Main.cpp,一些公共预定义文件 Common.h。
3. 设计适合存储学生及成绩信息的结构体类型,把该结构体类型作为线性表存储的基本数据元素类型。
4. 实现线性表的基本操作,主要包括:插入、删除、查找、修改、初始化、线性表释放等。
5. 设计和实现 main 函数,使程序能以交互的方式实现数据的操作。
6. 基于上述实现的线性表,在主程序中应用线性表实现学生成绩表的建立、插入、删除、更新等操作。
7. 实现打印学生信息,保存学生信息等功能。
8. 编写完程序进行调试,并测试程序的正确性。
9. 修改程序,完善程序。

10. 完成实验报告。

2.5 实验程序参考

本小节的参考程序中,头结点定义为一个包含线性表长度值和一个指向元素结点的指针 head 的结构体变量,其中 head 指向实际上的第一个数据元素结点。本参考程序只完成了一个线性链表,及学生成绩管理的部分主要功能,主要包括插入信息、打印信息、信息保存等,尚未实现查找、删除相应学生信息的功能,在实验中,要求能够完善这些未完成功能,把其他一些操作函数补全,并且在主函数中设计相关的代码进行测试。

2.5.1 Common.h

```
/***************************************************************
    设置一些预定义值和类型,可以作为整个数据结构的公共部分使用
***************************************************************/
#include "stdio.h"
#include "string.h"
#define TRUE 1
#define FALSE 0
#define OK 1
#define ERROR 0
typedef int Status;
```

2.5.2 LinkList.h

```
/***************************************************************
    文件 LinkList.h 实现了一个线性链表,为了使该线形链表能够具有更好的通用性,所以
使用了模板技术。
    LinkList.h 文件所定义的线性链表包括自定义的表头节点、一般数据节点以及初始化、
插入、删除、释放等相关操作。
***************************************************************/
#include "Common.h"
//数据节点的定义
template<typename DataType>
typedef struct LinkNode
{
    DataType data;
    struct LinkNode * next;
} LinkNode;
//线性表头结点的定义,不同于一般的数据节点
template<typename DataType>
```

```cpp
typedef struct LinkList
{
    LinkNode<DataType> * head;
    int length;
} LinkList;
//线性表初始化操作,L 为所要初始化的线性表
template<typename DataType>
void InitList(LinkList<DataType> & L)
{
    L.length=0;
    L.head=NULL;
}
//线性表插入操作,参数:
//L:所要操作的线性表
//i:表示要把元素插入到的位置
//e:是所要插入的数据元素
//返回值为执行情况,OK 为执行成功,否则返回 FALSE
template<typename DataType>
Status ListInsert(LinkList<DataType> &L,int i,DataType e)
{
    if(i>L.length+1 || i<0)return FALSE;//i 的合法性检测
    //申请一个节点,并进行初始化设置
    LinkNode<DataType> * p;
    p=new LinkNode<DataType>;
    if(! p)return FALSE;
    p->next=NULL;
    p->data=e;
    if(i==1)   //1 位置进行特殊处理
    {
        p->next=L.head;
        L.head=p;
    }
    else //其他情况的处理
    {
        //先找到 i-1 位置,然后在该位置后插入
        LinkNode<DataType> * q=L.head;
        for(int k=0;k<i-1;k++)
        {
            q=q->next;
```

```
        }
        p->next=q->next;
        q->next=p;
    }
    L.length++;    //执行完后把线性表长度+1
    return OK;
}
//在线性表头位置插入,实现上也就是相当于第一个位置插入,所以调用 ListInsert
//参数 L 是所要插入元素的线性表,e 为所要插入的元素值
template<typename DataType>
Status InsFirst(LinkList<DataType> & L,DataType e)
{
    return ListInsert(L,1,e);   //插入位置为 1
}
//在线性表末尾位置插入,也就是相当于在 L.Length+1 位置插入。
//参数 L 是所要插入元素的线性表,e 为所要插入的元素值
template<typename DataType>
Status InsLast(LinkList<DataType> &L,DataType e)
{
    return ListInsert(L,L.length+1,e);//插入位置为 L.length+1
}
//将线性表清空,L 为所要清空的线性表
template<typename DataType>
Status ClearList(LinkList<DataType> &L)
{
    LinkNode<DataType> * p=L.head;
    while(p)
    {
        L.head=p->next;
        delete p;//释放结点空间
        p=L.head;
    }
    return OK;
}
//查询线性表中元素存在与否,返回值等于 e 的节点位置,不存在情况返回 0
//L 为要查询的线性表
//e 为要查询的元素
//compare 为查询操作所用的比较函数
template<typename DataType>
```

```cpp
int LocateElem(LinkList<DataType>L,DataType e,
               bool(*compare)(DataType,DataType))
{
    LinkNode<DataType> *p=L.head;
    int k=1;
    while(p)
    {
        if((*compare)(p->data,e))return k;
        else k++;
        p=p->next;
    }
    return FALSE;
}
//删除线性表元素操作,返回值 OK 为表示删除成功,否则不成功返回 ERROR
//L 为所要操作的线性表
//i 为所要删除的元素位置
//e 返回所要删除的元素
template<typename DataType>
Status ListDelete(LinkList<DataType> & L,int i,DataType &e)
{
    //i 合法性验证
    if(i<1 || i>L.length)return ERROR;
    //第一个节点特殊处理
    if(i==1)
    {
        LinkNode<DataType> * p;
        p=L.head;
        L.head=p->next;
        e=p->data;
    }
    else
    {
    //先找到要删除节点的前一个节点
        LinkNode<DataType> * p=L.head;
        for(int k=0;k<i-1;k++)
            p=p->next;
        LinkNode<DataType> * q=p->next;
        p->next=q->next;
        delete q;//删除
```

    }
    return OK;
}
//遍历线性表,L 为所要遍历的线性表,visit 为遍历操作
template<typename DataType>
void ListTraverse(LinkList<DataType>L,void(*visit)(DataType e))
{
    LinkNode<DataType> * p=L.head;
    while(p)
    {
        (*visit)(p->data);
        p=p->next;
    }
}
//获取元素操作,如果获取元素不成功,返回 Error,否则返回 OK
//L 为所要操作的线性表
//i 为所要获取的元素的位置
//e 返回所要获取的元素值
template<typename DataType>
Status GetElem(LinkList<DataType>L,int i,DataType &e)
{
    if(i<1 || i>L.length)return ERROR;
    LinkNode<DataType> * p=L.head;
    for(int k=1;k<i;k++)
        p=p->next;
    e=p->data;
    return OK;
}
//获取线性表长度,L 为所要操作的线性表,返回值为线性表长度
template<typename DataType>
int ListLength(LinkList<DataType>L)
{
    return L.length;
}

2.5.3 main.cpp

/***
　　本参考程序完成了一个利用线性链表管理学生成绩信息的部分主要功能,主要包括插入信息、打印信息、信息保存等,尚未实现查找、删除相应学生信息的功能。同时,如果要存

储结构更加丰富的学生信息,则可以扩展学生结构体的定义。对于所使用的线性表,则无须修改,充分体现了使用模板的优点。
***/

```cpp
#include "LinkList.h"
//定义一个结构体,用于表示学生信息结构,本程序示例仅用简单的一个结构体定义,
//包括学号和成绩两项内容。
typedef struct Student
{
    char sno[20];
    int G;
}Student;
char fileName[]="stu.txt";
//定义学生信息结构体的比较函数
bool compare(Student e1,Student e2)
{
    if(e1.G==e2.G && strcmp(e1.sno,e2.sno))return 1;
    else return 0;
}
//定义学生结构体的遍历操作,本实例程序中定义为简单的打印
void visit(Student e)
{
    printf("学号%s,成绩%d \n",e.sno,e.G);
}
//从控制台中输入一个学生信息
bool readStudent(Student &e)
{
    printf("输入学生的学号和成绩信息,用空格隔开\n");
    scanf("%s %d",e.sno,&e.G);
    getchar();
    return true;
}
//把学生信息存储到文件的操作
void savetoFile(LinkList<Student>L)
{
    Student e;
    FILE *f=fopen(fileName,"w");
    for(int k=0;k<L.length;k++)
    {
        GetElem(L,k+1,e);
```

```c
        fprintf(f,"%s %d\n",e.sno,e.G);
    }
    fclose(f);
}
void main()
{
    LinkList<Student>L;    //定义一个存储学生结构体信息的线性链表
    InitList(L);   //初始化线性链表
    char command='n';
    bool out=false;
    char tmp[256];
    Student e;
    while(!out)
    {
        //打印一个菜单,列出所有可选项
        printf("save to file(s)\n");
        printf("insert into List(i)\n");
        printf("delete from List(d)\n");
        printf("clear List(c)\n");
        printf("print List(p)\n");
        printf("exit system(e)\n");
        gets(tmp);
        command=tmp[0];
        switch(command)//根据输入选项执行对应功能
        {
            case 's':savetoFile(L);break;
            case 'i':readStudent(e);InsFirst(L,e);break;
            case 'c':ClearList(L);break;
            case 'd':ListDelete(L,2,e);break;
            case 'p':ListTraverse(L,visit);break;
            case 'e':out=true;break;
            default:printf("error command \n");
        }
    }
    ClearList(L);//运行结束后,清空线性链表。
}
```

2.5.4 运行截图

按照如上要求实现该程序,进行编译并运行。向学生列表中插入若干学生学号和成绩信息,并可进行各项操作,其操作运行界面如图 2.5 所示。

图 2.5 线性表实验运行截图

2.6 常见问题及思考

1. 本次实验中,主要要掌握什么内容?

答:线性表的这个实验,主要目的有两点,一个是要对抽象数据类型有进一步的认识,要求通过实验能熟练地掌握抽象数据类型在不同应用场合中的使用;二是掌握线性表的基本定义、基本操作,如插入、删除等操作的实现。

2. 对线性表的插入、删除两种操作,在实现中要特别注意哪些方面?

提示:程序实现中的边界问题。

3. 一方面当使用线性顺序表来存储数据时,能够根据位置实现数据的快速定位,而线性链表却要求向后移动 i 次才可以找到相应的位置;另一方面,链表的插入操作无须移动数据,而仅仅是通过指针值的修改来实现的。针对这些不同之处,简单分析线性表的两种存储实现各适用于什么样的应用场景。

提示:分别从插入、删除、修改操作的频繁度上去考虑,对于这些操作,还需要考虑它们的操作方式,是利用位置信息进行操作还是以元素值为元素的标识。

4. 在教材中所定义的线性顺序表都采用固定大小定义,当把初始大小定义太大时,容易产生空间的浪费；反之，初始定义太小的空间，则很难适应较大数据要求。思考：如何实现一个能够根据实际需要、动态分配和调整数据区的线性顺序表？

提示：在固定数据存储区空间的情况下，一般把数据区定义为一个数组，这种情况下空间大小不可调整，如图 2.6(a)所示。如果在线性顺序表结构中只定义一个指针，让该指针指向一个动态申请的存储区域，如图 2.6(b)所示。向线性表插入数据时，如果空间不够，则可以重新分配一个更大的数据空间，把原来的数据拷贝到新数据区，并让指针指向新的数据区（如图 2.6(b)），这就解决了存储空间固定不变导致的线性顺序表不够灵活的问题。

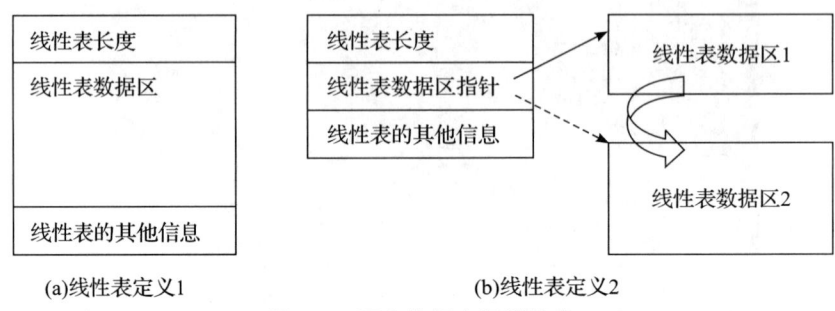

图 2.6 可变数据空间线性表

5.顺序存储方式插入和删除时效率太低，因此它不如链式存储方式好。（ ）

答：×。

分析：这种说法以偏概全，顺序存储方式虽然在插入和删除时效率较低，但是随机访问效率高，所以不能一概说顺序存储方式不如链式存储方式，它们各自能够适应不同的应用场景，各有优缺点。

2.7 选做：线性表的逆置

[问题描述]

线性表的就地逆置是指在原表的存储空间内将线性表$(a_1, a_2, a_3, \cdots, a_n)$逆置为$(a_n, a_{n-1}, \cdots, a_2, a_1)$。请在你所实现的线性表基础上实现逆置功能。

[基本要求]

利用单链表作为存储结构。

先建立线性表的带头结点的单链表表示形式，之后在不借助辅助结点空间的情况下实现单链表的逆置，并将结果输出。

第 3 章　栈及其应用

因为栈在逻辑结构上也属于线性结构,所以其存储结构也可以分为顺序存储和链式存储两种。与线性表有所区别的是,栈在具体的操作上进行了一定的限制。栈要求只能从线性表的一端进行插入、删除操作,即先进后出(FILO:first in last out),或称后进先出。

栈的顺序存储实现和链式存储实现分别称为顺序栈和链栈。

栈这种数据结构在实际程序设计中被广泛应用,例如操作系统在处理程序内的函数调用时,便用到了栈。调用函数时,需要把当前函数的现场数据加以保存,而从调用函数返回时,则从栈中读出数据并恢复现场,当函数多层次调用时,很明显出现了一种先保存后使用的应用需要。本实验以栈为实验的载体,提供一个练习受限线性表的实现和应用实例,以便加深对该数据结构的理解和使用。

3.1 实验目的

1. 掌握顺序栈/链栈的类型定义以及实现方法。
2. 掌握顺序栈/链栈的基本操作:初始化、入栈、出栈、栈空判断、获取栈顶元素。
3. 掌握顺序栈/链栈的实现和简单应用。
4. 能够清楚对比栈的两种实现方法的优劣。
5. 巩固面向对象思想,掌握使用类来定义数据结构的基本方法,学习类模板的使用。

3.2 实验内容及要求

3.2.1 实验内容

1. 设计和实现一个栈数据结构(顺序栈或链栈,自选)。
2. 实现栈数据结构的各种操作,包括栈的初始化、出入栈、清空和释放栈等。
3. 在所实现栈的基础上,实现栈的简单应用:设计并实现一个算法,判断依次读入的一个以@为结束符的字母序列是否为形如"序列1& 序列2"模式的字符序列。其中序列1和序列2中都不含字符"&",且序列2是序列1的逆序列。例如,"a+b&b+a"是属该模式的字符序列,而"1+3&3-1"则不是。
4. 上述栈的实现和应用不限制顺序栈或者链式栈,两者皆可。

3.2.2 实验要求

1. 提前预习该实验相关的内容,包括栈的两种实现方法,以及具体存储结构上的各类栈操作。

2. 选择其中一种存储方法加以实现,并完成相关操作实现。
3. 设计并实现算法完成实验内容中要求的字符串模式的判断。
4. 编写完整的程序完成实验内容,并上机调试和运行。
5. 整理并上交实验报告。
6. 本次实验要求在 2 学时内完成。

3.3 知识点提示

3.3.1 顺序栈的结构定义

所谓顺序栈,是指栈所存储的数据元素采用顺序存储方式。顺序栈结构可定义为:
typedef struct
{
  DataType data[MAXSIZE];
  int top;
}SeqStack;
其中 top 为栈顶指针,MAXSIZE 为顺序栈的数组空间的大小。

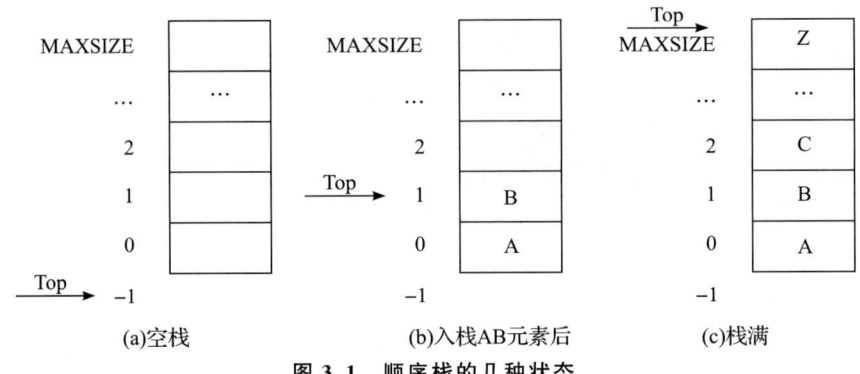

图 3.1 顺序栈的几种状态

图 3.1 中列出了顺序栈的三种状态,分别是空栈(top 值为 －1,当前栈中没有元素);入栈若干元素后(top 值为 1,表示当前栈顶元素为 data[1]);栈满(top 值为 MAXSIZE,这时栈已满,不能再入栈元素)。

3.3.2 链栈的结构定义

链栈是一个带头/不带头节点的链表,不过该链表限制只能在一端进行插入和删除操作。其数据结点的结构定义如下:
typedef struct StackNode{
  DataType data
  struct stacknode * next
}StackNode, * LinkStack;

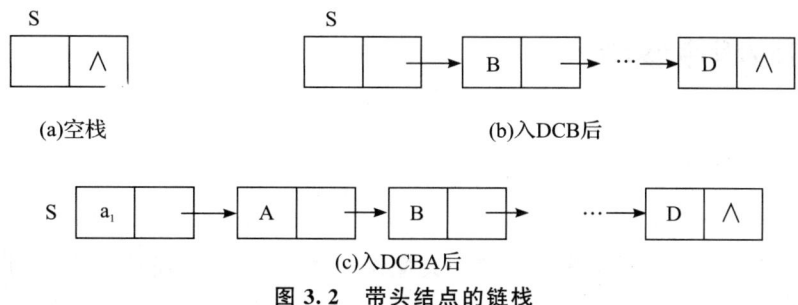

图 3.2 带头结点的链栈

图 3.2 中列出了链栈的三种状态,分别是空栈(S—>next 值为 null,当前栈中没有元素);入栈元素 DCB 后(S—>next 的值指向栈顶元素);入栈元素 DCBA 后(S—>next 指向当前元素,入栈的元素在表头插入)。对于链栈,只要内存空间允许,链栈的链表长度可以无限制扩展。

3.3.3 栈的基本操作

栈的基本操作主要包括如下几个:

1. 初始化栈:void InitStack(Stack& s)。
2. 判断栈是否为空:int StackEmpty(Stack s)。
3. 进(入)栈操作:void Push(Stack& s,DataType e)。
4. 退(出)栈操作:int Pop(Stack& s,DataType& e)。
5. 清空栈:void ClearStack(Stack& s)。
6. 释放栈:void DestoryStack(Stack& s)。

其中,出入栈操作对应着的是在线性表的某一端进行数据的插入和删除操作。对于顺序栈和链栈两种实现方法,对栈的定义又会有所区别。

如果把栈的数据存储区域当成一个线性表,在采用顺序存储结构时,通常把数据存储表的表尾作为栈顶。如此,在进行出入栈操作时,无须进行数据的移动。在采用链存储结构时,通常会把线性表的表头当成栈顶,也就是把链表的第一个元素当成栈顶元素。这时在进行出入栈操作时,指针无须向后移动到链表末尾。因此,对于栈而言,除清空栈和释放栈操作外,其余各种操作的时间复杂度均为 O(1)。

3.4 实验步骤

1. 建立本次实验的项目。
2. 增加一个文件 SeqStack.h,用于存储栈的实现;另外再增加一个文件 main.cpp,用于实现本次实验的应用,并引用栈所在文件。
3. 设计栈数据结构,并对栈的操作加以实现。
4. 利用栈,设计实现序列 1 和序列 2 逆序的判断算法。
5. 在 main 函数中实现算法,并实现算法的输入、输出。
6. 输入各种字符串进行测试。
7. 利用实验得到的数据撰写实验报告。

3.5 实验程序参考

3.5.1 SeqStack.h

```
/******************************************************************/
//该文件实现了一个顺序栈定义及相关操作,该顺序栈采用模板结构,因此可以适用于
//不同类型的数据。
//主要实现的操作包括
//初始化栈:void initStack(SeqStack<ElemType> &S)
//入栈:int push(SeqStack<ElemType> &S,ElemType x)
//出栈:int pop(SeqStack<ElemType> &S,ElemType& x)
//获取栈顶元素:int getTop(SeqStack<ElemType> &S,ElemType& x)
//遍历栈元素:void display(SeqStack<ElemType> &S,void(*visit)(ElemType e))
//判断栈空:bool stackEmpty(SeqStack<ElemType>S)
/******************************************************************/
#include<stdio.h>
#include<malloc.h>
#define MAXSIZE 100
//使用模板定义一个栈结构体,包括一个固定大小的存储空间和栈顶指针。
template<typename ElemType>
struct SeqStack
{   ElemType data[MAXSIZE];
    int top;
};
//初始化栈操作,让 top 指向-1
template<typename ElemType>
void initStack(SeqStack<ElemType> &S)
{
    S.top=-1;
}
//入栈操作。如果插入操作成功,则返回1,否则返回0。
//S 为所要操作的栈
//x 为所要入栈的元素
template<typename ElemType>
int push(SeqStack<ElemType> &S,ElemType x)
{
    if(S.top==MAXSIZE-1)
```

```
        return 0;
    else
    {
        S.top++;
        S.data[S.top]=x;
        return 1;
    }
}
```
//出栈操作。如果操作成功,则返回1,否则返回0。
//S为所要操作的栈
//x返回所要出栈的元素
```
template<typename ElemType>
int pop(SeqStack<ElemType> &S,ElemType& x)
{
    if(S.top==-1)
        return 0;
    else
    {
        x=S.data[S.top];
        S.top--;
        return 1;
    }
}
```
//获取栈顶元素操作。如果操作成功,则返回1,否则返回0。
//S为所要操作的栈
//x返回栈顶元素
```
template<typename ElemType>
int getTop(SeqStack<ElemType> &S,ElemType& x)
{
    if(S.top==-1)
        return 0;
    else
    {
        x=S.data[S.top];
        return 1;
    }
}
```

//遍历栈元素操作,按从栈顶到栈底的顺序遍历栈中元素。
//S为所要遍历的栈
//visit为遍历过程中所用操作
```cpp
template<typename ElemType>
void display(SeqStack<ElemType> &S,void(*visit)(ElemType e))
{
    for(int i=S.top;i>=0;i--)
        printf("%c ",S.data[i]);
    printf("\n");
}
```
//判断栈是否为空,若为空,返回真,否则返回假
```cpp
template<typename ElemType>
bool stackEmpty(SeqStack<ElemType>S)
{
    if(S.top==-1)
        return true;
    else
        return false;
}
```

3.5.2 main.cpp

```
/*****************************************************************
    该程序用于"序列1&序列2@"中序列1是序列2逆序的判断,并打印出结果。文件中
主要包含两个函数:一个compare函数,用于进行判断;另外一个main函数则调用compare
函数,并根据compare输出结果。
*****************************************************************/
#include "SeqStack.h"
/*****************************************************************
    函数compare()进行"序列1&序列2@"中序列1是序列2逆序的判断,如果是则返回
1,否则返回0。
*****************************************************************/
int compare()
{
    char ch,e;
    SeqStack<char>s;//声明栈S
    initStack(s);
    while((ch=getchar())!='&')//读入数据要求以&作为两个序列的分割
    {
```

```
    push(s,ch);
  }
  while((ch=getchar())!='@'||!stackEmpty(s))//读序列2,并出栈元素对比
  {
    pop(s,e);
    if(ch!=e)return 0;
  }
  if(ch=='@'&&stackEmpty(s))return 1;
  else return 0;
}
void main()
{
  printf("\n 请输入数据,并且以@结束\n");
  if(compare())
    printf("\n 序列 & 序列@ 中序列是序列逆序\n");
  else
    printf("\n 序列 & 序列@ 中序列不是序列逆序\n");
}
```

3.5.3 结果截图

按要求实现该程序,调试成功后,运行该程序,并输入1234&4321@,程序运行结果如图 3.3 所示。

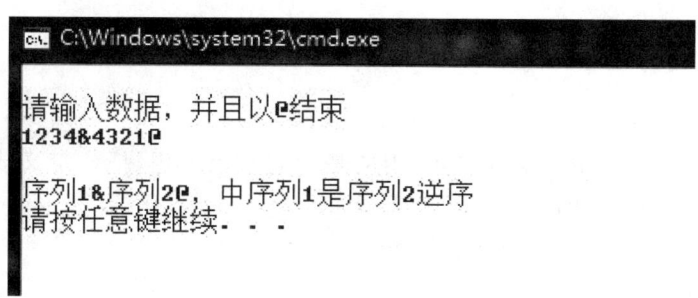

图 3.3　栈的应用实验截图

3.6 常见问题及思考

在顺序栈中,开始无法知晓所需要的栈大小,如果初始化太大的空间,容易引起空间的浪费,若太小,则可能导致溢出的发生。如何利用动态空间申请来解决这一问题,使栈空间具有伸缩性,能够根据数据量自动调整?

提示:参考线性表的思考题。

3.7 选做:迷宫问题

3.7.1 问题描述

假设有一迷宫,如图 3.4 所示,现请编写一个程序,让处于起点的人找到一条通向出口的路径。

实现提示:利用栈来记录所走过的路径。

图 3.4 迷宫实例

3.7.2 参考程序 Stack.h

/**

该参考程序换了一种栈的实现方式,用的是面向对象思想,把栈定义成一个 Stack 类。具体实现过程中,采用链表的方法实现链栈。

**/

```
#include "Common.h"
//用类和模板的方式实现该链栈
template<typename ElemType>
class Stack{
    //链栈节点定义
    typedef struct SNode
    {
        ElemType data;
        struct SNode * next;
    }SNode, * PSNode;
```

```cpp
    PSNode head;//指向栈顶元素
    int length;
    //构造函数,对线性表进行初始化,用线性表作为栈,表头为栈顶
    public:Stack()
    {
       head=NULL;
       length=0;
    }
    //在线性表的头部插入数据
    public:Status Push(ElemType data)
    {
       //建立节点
       PSNode p=new SNode;
       if(p==NULL)
          return OVERFLOW;
       p->data=data;
       p->next=NULL;
       p->next=head;
       head=p;
       length++;
       return SUCCESS;
    }
    //获取栈顶元素
    public:Status GetTop(ElemType & data)
    {
       if(head==NULL)
          return FAIL;
       else
       {
          data=head->data;
          return SUCCESS;
       }
    }
    //在线性表的头部删除数据
    public:Status Pop(ElemType &data)
    {
       if(head==NULL)
          return FAIL;
       else
```

```cpp
    {
        PSNode p=head;
        data=head->data;
        head=head->next;
        length--;
        delete p;
        return SUCCESS;
    }
}
//判断栈空,若为空栈,返回 true,否则返回 false
public:bool StackEmpty()
{
    if(length)return false;
    else return true;
}
//销毁整个线性表
public:bool Clear()
{
    PSNode p=head;
    while(p!=NULL)
    {
        head=p->next;
        delete p;
        p=head;
    }
    return TRUE;
}
~Stack()
{
    Clear();
}
};
```

3.7.3 参考程序 Main.cpp

```cpp
#include "stack.cpp"
```
/**
   栈的应用:走迷宫程序
**/
//利用一个二维数组定义迷宫,其中 0 表示该位置可走,8 表示不可走的砖头,1~4 表

```cpp
//示走过的位置,且分别表示上次走的方向为左,下,右,上
int map[10][10]={
  {8,8,8,8,8,8,8,8,8,8},
  {8,0,0,8,0,0,0,8,0,8},
  {8,0,0,8,0,0,0,8,0,8},
  {8,0,0,0,0,8,8,0,0,8},
  {8,0,8,8,8,0,0,0,0,8},
  {8,0,0,0,8,0,0,0,0,8},
  {8,0,8,0,0,0,8,0,0,8},
  {8,0,8,8,8,0,8,8,8,8},
  {8,8,0,0,0,0,0,8,0,8},
  {8,8,8,8,8,8,8,8,8,8}};
//位置信息定义
struct Position
{
  int x;
  int y;
};
//位置比较函数
bool ComparePos(Position a,Position b)
{
  if(a.x==b.x && a.y==b.y)return true;
  else return false;
}
//根据当前状态,位置,获取下一个位置信息
//查找下一个位置的顺序是:左,下,右,上
bool getNext(Position p,Position& nextPos)
{
  if(map[p.x][p.y]==0 && map[p.x][p.y-1]==0)
    {nextPos.x=p.x;nextPos.y=p.y-1;map[p.x][p.y]=1;return true;}
  if(map[p.x][p.y]<=1 && map[p.x+1][p.y]==0)
    {nextPos.x=p.x+1;nextPos.y=p.y;map[p.x][p.y]=2;return true;}
  if(map[p.x][p.y]<=2 && map[p.x][p.y+1]==0)
    {nextPos.x=p.x;nextPos.y=p.y+1;map[p.x][p.y]=3;return true;}
  if(map[p.x][p.y]<=3 && map[p.x-1][p.y]==0)
    {nextPos.x=p.x-1;nextPos.y=p.y;map[p.x][p.y]=4;return true;}
  map[p.x][p.y]=4;
  return false;
}
```

```c
//输出结果,从栈里直接输出,是路径的逆序
void outputResult(Stack<Position> & s)
{
    Position p;
    printf("找到出口,其路径的逆序如下:\n");
    while(! s.StackEmpty())
    {
        s.Pop(p);
        printf("%d,%d \n",p.x,p.y);
    }
}
void main()
{
    Stack<Position>s;
    Position start_pos;//起点
    start_pos.x=1;
    start_pos.y=1;
    s.Push(start_pos);
    Position new_pos;//中间变量
    Position cur_pos;//中间变量
    Position end_pos;//终点
    end_pos.x=8;
    end_pos.y=8;
    bool found=false;
    printf("%d,%d \n",start_pos.x,start_pos.y);
    while(s.GetTop(cur_pos)&& ! found)
    {
        if(ComparePos(cur_pos,end_pos)){ found=true;break;}
        if(getNext(cur_pos,new_pos))
        {
            //如果能够找到下一步则
            s.Push(new_pos);
            printf("%d,%d \n",new_pos.x,new_pos.y);
        }
        else
        {
            //如果找不到下一步
            if(s.StackEmpty())break;
            s.Pop(cur_pos);
```

```
        }
    }
    if(found)outputResult(s);
    else printf("找不到出口\n");
}
```

第4章 队列及其应用

队列和栈在逻辑结构上都属于线性结构,所以,其存储结构也可以分为顺序存储和链式存储两种。与线性表和栈有所区别的是队列在具体操作上的一些限制。栈要求只能从线性表的一端进行插入、删除操作;而队列则规定先进入队列的元素必须先从队列中出去,即先进先出(FIFO)特性。

队列的顺序存储实现和链式存储实现分别称为顺序队列和链队列。特别的,当顺序队列的头尾相连,使队列元素得以循环利用时,这种顺序队列又称为循环队列。

队列这种数据结构在实际程序设计中被广泛应用,例如,打印机管理程序按照先到先服务的方式为客户提供打印服务,所有提交的文档在待打印文档中便是一个队列,再例如网络数据的发送也是按照先到先发送这种服务方式。本实验以队列的实现和应用为目标,提供一个练习受限线性表的实现和应用实例,以便加深对这该数据结构的理解和使用。

4.1 实验目的

1. 掌握队列的基本概念、基本操作和基本使用方式。
2. 掌握循环队列的类型定义以及实现方法。
3. 掌握循环队列的基本操作:初始化、入队、出队、队空判断、获取队头元素。
4. 掌握循环队列的实现和简单应用。
5. 能够清楚理解循环队列中空间的重用思想。

4.2 实验内容及要求

4.2.1 实验内容

1. 设计和实现一个队列数据结构,且采用循环队列实现方法。
2. 实现循环队列的各种操作,包括循环队列的初始化、出入队、清空和释放等。
3. 在所实现循环队列的基础上,实现循环队列的简单应用:设计并实现一个改进的凯撒加密算法,并实现加密和解密操作(4.3中详细介绍了改进的凯撒加密法)。

4.2.2 实验要求

1. 提前预习该实验相关的内容,包括队列及基本概念、基本操作。
2. 掌握队列指针的含义,以及指针在具体操作过程中的变化情况。
3. 掌握循环队列的基本原理、实现方法,并加以实现。
4. 设计并实现算法完成改进的凯撒加密法,对不同的输入加以验证。

5. 编写完整的程序完成实验内容,并上机调试和运行。
6. 整理并上交实验报告。
7. 本次实验要求在 4 学时内完成。

4.3 知识点提示

4.3.1 队列的基本概念与操作

队列(Queue)是一种运算受限的线性表。它只允许在表的一端进行插入,而在另一端进行删除。先进入队列的成员总是先离开。因此队列亦称作先进先出的线性表,简称 FIFO 表。

当队列中没有元素时称为空队列。在空队列中依次加入元素 $a_1,a_2,\cdots,a_n$ 之后,a_1 是队头元素,a_n 是队尾元素。显然退出队列的次序也只能是 $a_1,a_2,\cdots,a_n$,即队列的进出是依先进先出的原则进行的(如图 4.1 所示)。

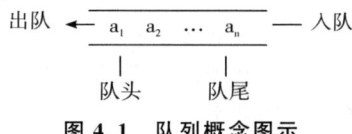

图 4.1 队列概念图示

队列的基本操作定义如下:
void InitQueue(Queue& q);   //初始化队列
bool QueueEmpty(Queue& q);   //判断队列是否为空
bool QueueFull(Queue& q);   //判断队列是否为满
bool EnQueue(Queue& q,DataType e);   //入队列操作
bool DeQueue(Queue& q,DataType &e);   //出队列操作
bool QueueFront(Queue& q,DataType &e);   //获取队头元素
bool ClearQueue(Queue& q);   //清空队列
bool DestoryQueue(Queue& q);   //释放队列

在队列的基本操作定义中,出队操作对应着的是在线性表的某一端进行数据删除操作,入队操作对应着的是在线性表的另一端进行数据的插入操作,而其他各种操作都和线性表相关操作相类似。

4.3.2 顺序队列

队列的顺序存储结构称为顺序队列。顺序队列实际上是运算受限的顺序表,和顺序表一样,顺序队列也是用一个向量空间来存放当前队列中的元素,如图 4.2 所示。

队列的队头和队尾的位置是随着元素出队和入队变化的,因而要设两个指针分别指示队头和队尾元素在队列中的位置,初始值均应置为 0。这也就是设定 tail 指向队尾元素的下一个元素,head 指向队头元素,但是在空队列中,tail 和 head 指向同一位置。

上溢是指队列中元素存储满了还继续向队列中添加元素,从而导致空间元素超出允许

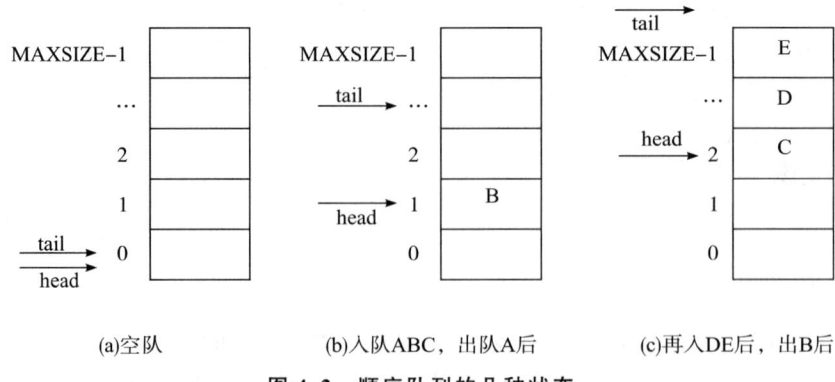

(a)空队　　　(b)入队ABC,出队A后　　　(c)再入DE后,出B后

图 4.2　顺序队列的几种状态

存储区域的情况。在图 4.2(c)中,此时再进行入队操作,把元素写入 tail 所指向位置必定会导致上溢情况的发生。该队列的实际情况却反映出当前第 0 位置存在空闲位置,这就是所谓的"假上溢"。

"假上溢"是指在入队和出队中,头尾指针只增不减,致使被删除元素的空间无法重新利用。因此,尽管队列中实际的元素个数远远小于向量空间的规模,但也可能由于尾指针已超出向量空间的上界而不能做入队操作,该现象称为假上溢。

为了能够解决"假上溢"现象,也就是把那些不能够到达的空间进行重复利用,所以提出了循环队列的概念。

4.3.3　循环队列

把向量空间想象为一个首尾相接的圆环(如图 4.3 所示),并称这种向量为循环向量,存储在其中的队列称为循环队列(circular queue)。

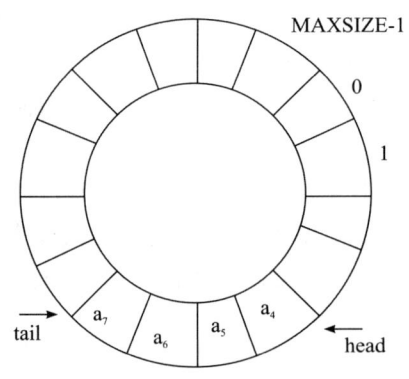

图 4.3　循环队列示意图

在循环队列中进行出队、入队操作时,头尾指针仍要加 1,朝前移动。只不过当头尾指针指向向量上界(QueueSize-1)时,其加 1 操作的结果是指向向量的下界 0。这种循环意义下的加 1 操作可以描述为:

i=(i+1==QueueSize)?0:i+1;

利用模运算可简化为:

i=(i+1)%QueueSize

显然，因为循环队列元素的空间可以被利用，除非向量空间真的被队列元素全部占用，否则不会上溢。因此，除一些简单的特定应用外，真正实用的顺序队列是循环队列。

由于入队时尾指针向前追赶头指针，出队时头指针向后追赶尾指针，故队空和队满时头尾指针均相等。因此，我们无法通过"front==rear"来判断队列"空"还是"满"。解决此问题的方法至少有两种：

1. 少用一个元素的空间，约定入队前，测试尾指针在循环意义下加1后是否等于头指针，若相等则认为队满（注意：rear所指的单元始终为空）；

2. 使用一个计数器记录队列中元素的数量（队列长度），从而利用队列空间大小和已用空间大小相等来判定队列满与否。

这两种方法的定义，以及他们对队列空、满的判定等实现如下：

表 4.1　两种方法的对比

	方法1：少用一个空间	方法2：增加计数器
定义	typedef struct{ 　DataType * base; 　int head,tail; }SqQueue;	typedef struct{ 　DataType * base; 　int head,tail,length; }SqQueue;

初始化	void InitQueue(Queue& q)
	{q.base=new DataType[MAXSIZE];
	　Assert(q);
	　q.head=q.tail=0;
	}
		void InitQueue(Queue& q)
		{q.base=new DataType[MAXSIZE];
		　Assert(q);
		　q.head=q.tail=q.length=0;
		}

队空	bool QueueEmpty(Queue& q) {return q.head==q.tail;}	bool QueueEmpty(Queue q) {return q.length==0;}
队满	bool QueueFull(Queue& q) {return(q.tail+1)％MAXSIZE==q.head;}	bool QueueFull(Queue q) {return q.length==MAXSIZE;}

入队	void EnQueue(Queue& q,DataType e)
	{assert(! QueueFull(q))
	　q.base[q.tail]=e;
	　q.tail=(q.tail+1)％ MAXSIZE;
	}
		void EnQueue(Queue& q,DataType e)
		{assert(! QueueFull(q))
		　q.base[q.tail]=e;
		　q.tail=(q.tail+1)％ MAXSIZE;
		　q.length++;
		}

出队	bool DeQueue(Queue& q,DataType &e)
	{if(QueueEmpty)return false;
	　e=q.base[q.head];
	　q.head=(q.head+1)％ MAXSIZE;
	　return true;
	}
		bool DeQueue(Queue& q,DataType &e)
		{if(QueueEmpty)return false;
		　e=q.base[q.head];
		　q.head=(q.head+1)％ MAXSIZE;
		　q.length++;
		　return true;
		}

从算法中可以容易看出，循环队列的初始化、队空、队满、出入队操作均为常数时间复杂

度,即 O(1)。

在本章中列出循环队列的两种实现方法,目的是为了促进读者多去思考,不要被教科书所禁锢。两种方法都是好方法,队列以及本书后继章节的许多算法和数据结构都可以有不同的表达,希望读者能够找到适合自己的方法。

4.3.4 改进的凯撒加密法

凯撒加密法是一种简单的消息编码方式,它是按照字母表将消息中的每个字母移动 k 位,例如 k 为 4 时,把字母 A 变为 D,B 变为 E,以此类推,从而把原消息变换为加密后的消息。在解谜时,则只要把原来的字符按照 k 进行反向移动。当年凯撒曾用此方法与其将军们进行联系,所以这个加密方法以凯撒的名字命名。很显然,这种加密方式极易破解,因为字母的移动只有 26 种可能。

为了增大破解密码的难度,在 16 世纪,法国亨利三世王朝的布莱瑟·维吉尼亚在单一凯撒密码的基础上扩展出多表密码,称为"维吉尼亚"密码。其基本原理为,首先设定一个密钥,该密钥为一个字符序列,那么其加密过程是把明文对应的字符向右移动密钥字符对应的位数。例如:密钥为"RELATIONS",其各个字符在字母表中分别对应"17、4、11、0、19、8、14、13、18"位序,所以加密时,明文第一个字符向右移动 17 位,第二个字符向右移动 4 位,依次类推。若明文长度超过密钥,则循环从头开始使用密钥规定的移动位数。例如密钥为"ABC"有如下加密:

明文:ATTACT NOW

密文:AUVADU NPY(每个字符向后移动位数为:0 1 2 0 1 2 0 1 2)

4.4 实验步骤

1. 建立本次实验的项目。
2. 增加一个文件 CircularQueue.h,用于存储循环链表的实现;另外再增加一个文件 main.cpp 用于实现本次实验的应用,并引用栈所在文件。
3. 设计循环队列数据结构,并对循环队列的操作加以实现。
4. 利用循环队列,设计实现改进的凯撒加密法。
5. 在 main 函数中实现算法,并实现算法的输入输出,以验证算法的正确性。
6. 输入各种密钥和字符串进行测试,包括对文件进行加密和解密。
7. 利用实验得到的数据撰写实验报告。

4.5 实验程序参考

4.5.1 CircularQueue.h

/**

该程序利用模板实现了一个通用的循环队列 CircularQueue。首先在文件中定义最大空间为 10,这实际上限制了该循环队列的应用范围。若想要做到能够根据实际需要扩展、收缩存储空间,又该如何改进入队和出队操作,这个改进留给读者思考,并进一步扩展。
***/

```cpp
#define MAXSIZE 10              //定义队列空间
template <typename DataType>    //定义循环队列
struct CircularQueue {
    DataType * base;
    int head, tail;
};
//初始化队列,分配恰当的空间,并设置头尾指针
template <typename DataType>
bool InitQueue(CircularQueue<DataType>& q)
{
    q.base = new DataType[MAXSIZE];
    if(! q.base) return false;
    q.head = q.tail = 0;
    return true;
}
template <typename DataType>
bool QueueEmpty(CircularQueue<DataType>& q)     //判断队列是否为空
{
    return q.head == q.tail;
}
template <typename DataType>
bool QueueFull(CircularQueue<DataType>& q)      //判断队列是否满
{
    return (q.tail+1) % MAXSIZE == q.head;
}
template <typename DataType>
bool EnQueue(CircularQueue<DataType>& q, DataType e)    //入队
{
    if(QueueFull(q)) return false;
    q.base[q.tail] = e;
    q.tail = (q.tail+1) % MAXSIZE;
    return true;
}
template <typename DataType>
bool DeQueue(CircularQueue<DataType>& q, DataType &e)   //出队
{
```

```cpp
    if(QueueEmpty(q))return false;
    e=q.base[q.head];
    q.head=(q.head+1)% MAXSIZE;
    return true;
}
template <typename DataType>
bool QueueFront(CircularQueue<DataType>& q,DataType &e)         //获取队头
{
    if(QueueEmpty(q))return false;
    e=q.base[q.head];
    return true;
}
template <typename DataType>
void ClearQueue(CircularQueue<DataType>& q)                     //清空队列
{
    q.head=q.tail=0;
}
template <typename DataType>
void DestoryQueue(CircularQueue<DataType>& q)                   //释放队列
{
    delete[]q.base;
    q.head=q.tail=0;
}
```

4.5.2 main.cpp

```
/*****************************************************************
 * 利用队列辅助实现凯撒加密法的加密、解密操作。
 *（1）在该算法中,我们把密钥存储到一个队列中,接着逐个对明文进行加密,为每
 * 位明文字符进行加密时,都只需要取队头元素作为偏移量;之后,把该队头出队,
 * 并再次入队,从而达到密码的循环使用。
 *（2）解密过程和加密过程相对,只是对密文字符的偏移不再是正向,而是反向操作。
 *（3）本实验参考程序中只实现了对文本信息的加密,读者可以自行扩展,从而实现
 * 对所有字符的加密操作,并应用于文件中,从而实现文件的加密。
 *****************************************************************/
#include "CircularQueue.h"
#include <string>
#include <stdio.h>
//加密操作需要输入的参数有:
//key:密钥           keyLength:密钥长度
```

//message:明文   messLength:明文长度
//ciphertext:用于存放密文的数组
void CesarEncode(char key[],int keyLength,char message[],int messLength,char ciphertext[])
{
    //首先定义一个队列,并进行初始化;然后把 key 的字符逐个入队
    CircularQueue<char> queue;
    InitQueue(queue);
    int k;
    for(k=0;k<keyLength;k++)EnQueue(queue,key[k]);
    //对消息逐个字符转换
    for(k=0;k<messLength;k++)
    {
        char kc;
        //若非 A-Z 字符,则保持原样。
        if(message[k]>'Z'||message[k]<'A')
        {
            ciphertext[k]=message[k];
            continue;
        }
        DeQueue(queue,kc);
        char c=message[k]+(kc-'A');
        if(c>'Z')ciphertext[k]=c-26;
        else ciphertext[k]=c;
        EnQueue(queue,kc);
    }
    ciphertext[k]='\0';
    DestoryQueue(queue);
}
//解密操作需要输入的参数有:
//key:密钥 keyLength:密钥长度
//ciphertext:密文 messLength:密文长度
//cleartext:用于存放明文的数组
void CesarDecode(char key[],int keyLength,char ciphertext[],int messLength,char cleartext[])
{
    //首先定义一个队列,并进行初始化;然后把 key 的字符逐个入队
    CircularQueue<char> queue;
    InitQueue(queue);

```c
    int k;
    for(k=0;k<keyLength;k++)EnQueue(queue,key[k]);
    for(k=0;k<messLength;k++)
    {
        char kc;
        //对非A-Z字符,不需要解密
        if(ciphertext[k]>'Z'||ciphertext[k]<'A')
        {
            cleartext[k]=ciphertext[k];
            continue;
        }
        DeQueue(queue,kc);
        char c=ciphertext[k]-(kc-'A');
        if(c<'A')cleartext[k]=c+26;
        else cleartext[k]=c;
        EnQueue(queue,kc);
    }
    cleartext[k]='\0';
    DestoryQueue(queue);
}
int main()
{
    char key[10];
    char message[1000];
    char ciphertext[1000];
    char cleartext[1000];
    printf("请输入密钥:");
    int keyLength=0;
    for(char c=getchar();c!='\n';c=getchar())
    {
        if(c>='a'&&c<='z')
            c=c-'a'+'A';
        key[keyLength++]=c;
    }
    key[keyLength]='\0';
    printf("请输入要加密的消息:");
    int messageLength=0;
    for(char c=getchar();c!='\n';c=getchar())
    {
```

```
        if(c>='a'&&c<='z')
          c=c-'a'+'A';
      message[messageLength++]=c;
    }
    message[messageLength]='\0';
    CesarEncode(key,keyLength,message,messageLength,ciphertext);
    CesarDecode(key,keyLength,ciphertext,messageLength,cleartext);
    printf("明文:%s\n",message);
    printf("密文:%s\n",ciphertext);
    printf("解密:%s\n",cleartext);
    return 0;
}
```

4.5.3 结果截图

按要求实现该程序,调试成功后,运行该程序,并输入密钥为"abcdef",需要加密的消息为"I'm coming.I see! I conquer!",程序运行结果如图 4.4 所示。

```
请输入密钥: abcdef
请输入要加密的消息: I'm coming. I see! I conquer!
明文: I'M COMING. I SEE! I CONQUER!
密文: I'N ERQNNH. K UIJ! I DQQUZES!
解密: I'M COMING. I SEE! I CONQUER!
Press any key to continue . . .
```

图 4.4　循环队列应用截图

4.6 常见问题及思考

1:顺序队的"假溢出"是怎样产生的?

答:顺序队的"假溢出"是指队列中还有若干存储空间,可是由于顺序队列的结构问题导致队头队尾指针只增不减,当队尾到达 maxlen-1 是队列判定为满,无法入队更多元素的情况。解决的方法是把队头元素的出队操作空出的空间循环利用起来,让队尾到达 maxlen-1 后返回到顺序空间的起始位置,这也就是循环队列。

2:如何知道循环队列是空还是满?

答:在循环队列中,若空间大小为 maxlen,为了能够实现队列空满的判定,则实际利用空间大小为 maxlen-1。基于此,队列的空可以利用队头和队尾指针重合来判定,队满的判定条件则是(rear+1)%maxlen==front。

除了上述方法,还可以通过实时保存队列元素个数的办法进行队列空和满的判定。

第 5 章* 串的模式匹配

串也是一种顺序结构,其存储结构可以采用顺序存储、堆存储和链式存储三种。串与线性表的区别在于,串所存储的内容只能是字符,而线性表所存储的元素可以是任意结构的数据,如结构体、对象、指针等。串不像栈或队列那样,限制在线性表的某一端进行运算。把串单独列出一章,是由于字符串在现实的应用中占有很重要的位置。

子串定位运算又称为模式匹配(Pattern Matching)或串匹配(String Matching),是指在一个串中定位另一个串的操作。例如:在文本编辑程序中,经常要查找某一特定单词出现的位置,这个操作就是串的模式匹配,显然,高效的算法能极大地提高文本编辑程序查找操作的性能。

本章要求掌握:(1)字符串的逻辑结构和存储结构定义(与线性表相同,只是数据元素改成了字符);(2)掌握朴素匹配算法和 KMP 算法。

5.1 实验目的

1. 掌握串的基本概念、逻辑结构和存储结构的定义。
2. 掌握串的存储方法:定长顺序存储结构、堆存储结构和块链存储结构。
3. 熟练掌握朴素匹配算法,并且能做到举一反三。
4. 掌握 KMP 算法的思想,了解 KMP 匹配的过程和算法代码。

5.2 实验内容及要求

5.2.1 实验内容

1. 实现串的存储方法,存储结构可以在定长顺序存储结构、块链存储结构或堆存储结构中任选一种。
2. 实现字符串子串匹配的朴素匹配算法。所谓的字符串子串匹配是指利用子串的判定算法实现主串 S 和模式串 T 的模式匹配,即由用户随意输入两个串:主串 S 和模式串 T,设 S='$s_1 s_2 \cdots s_n$',T='$t_1 t_2 \cdots t_m$',且 $0 < m \leqslant n$。若模式串 T 在主串 S 中,则输出模式串在主串中匹配到的第一个位置,否则,匹配失败,返回零值。
3. 实现子串匹配的 KMP 算法。

5.2.2 实验要求

1. 提前预习该实验相关的内容:串的存储方法、朴素匹配算法、KMP 算法。
2. 实现字符串的存储结构。

3. 实现字符串子串匹配的两种算法。
4. 编写完整的程序完成实验内容，并上机调试和运行。
5. 整理并上交实验报告。
6. 本次实验要求在 4 学时内完成。

5.3 知识点提示

5.3.1 ADT SString

串的抽象数据类型 SString：
{
数据对象 D：有限元素的集合。集合中的元素都是字符。
数据关系 R：线性关系。即有且只有一个元素没有直接前趋；有且只有一个元素没有直接后继；其余的各个元素都只有一个直接前趋和一个直接后继。
基本操作：
(1)StrAssign(S,chars)：生成一个字符串 S,其值为 chars。
(2)StrCopy(T,S)：将串 S 复制到串 T 中去。
(3)StrEmpty(S)：判断串 S 是否为空，若为空则返回 1，非空则返回 0。
(4)StrCompare(S,T)：比较两个串的大小，其中英文字符以 ASCII 码值，中文字符以其拼音字母的字典序从第一个位置的字符开始比较。若两个串相等，则返回 0；若 S 串中相应的字符大于 T 串，则返回一个大于 0 的值；否则，返回一个小于 0 的值。
(5)StrLen(S)：求串 S 的长度，即串 S 中所包含字符的个数。
(6)StrConcat(T,S)：串连接操作，把串 S 连接到串 T 之后，并返回更新后的串 T。
(7)SubString(S,pos,len)：取子串操作，返回串 S 从第 pos 位置开始的长度为 len 的子串。
(8)Index(S,T,pos)：定位子串操作，返回串 T 在串 S 第 pos 位置之后第一次出现的位置，若串 T 不存在在串 S 中，则返回 0。
(9)Replace(S,T,R,pos,times)：子串替换操作。用子串 R 替换串 S 中出现串 T 的地方。从串 S 的第 pos 位置开始，替换 times 次。
(10)StrInsert(S,pos,T)：插入串操作。在串 S 的第 pos 位置处，插入串 T，并返回更新后的串 S。
(11)StrDelete(S,pos,len)：删除子串操作。在串 S 的第 pos 位置后，删除 len 个字符的子串，并指定回更新后的子串 S。
}

5.3.2 字符串的存储结构

串的三种存储方式：定长顺序串、块链串以及堆分配方式。
定长顺序串是将串设计成一种结构类型，串的存储分配是在编译时完成的。与前面所讲线性表的顺序存储结构类似，定长顺序串的存储方式是指用一组地址连续的存储单元存储串的字符序列。实现时，先为串指定一个固定长度（MAXLEN）的存储空间，再用 typedef struct 实现类型的定义。其中包括一个存储空间为 MAXLEN 的数组，以及一个整型变量 len 用来存放该字符串字符元素的个数。其定义如下：

```
#define MAXLEN 20
typedef struct { /* 串结构定义 */
    char ch[MAXLEN];
    int len;
} SString;
```

堆分配存储是指以一个地址连续的存储空间来存放字符串。和定长顺序存储不同的是，该存储空间是动态分配的。在 C 语言中，堆就是内存空间中的一个存储区域。假设以一维数组 heap[MAXSIZE] 表示可供字符串进行动态分配的存储空间，并设 int len 为堆中当前存储的字符串的长度，则这种存储结构称为堆结构。堆串可定义如下：

```
typedef struct
{
    char * heap;
    int len;
} SString;
```

其中 len 域指示串的长度。在堆分配存储中，可以用 malloc/new 函数来申请内存空间，用 free/delete 函数来释放内存空间，用 realloc() 函数来追加堆的内存空间。

串的块链存储和链式存储结构相似。在定长顺序存储和堆分配存储中，都是以数组来进行操作。若经常对字符串进行插入、删除操作，则可以用链式存储的方式。但是，在字符串中，如果每个结点存储一个字符，则会造成存储密度低、空间利用率低的问题，其原因在于每个字符结点都要分配一个指针域来指向其下一个字符。对前述链结点加以改进，可以用一个结点多个数据域和一个指针域的方式来进行存储，并称这样定义的存储结构为块链结构。

本章的朴素匹配算法以及 KMP 算法都是采用顺序存储结构进行的，即顺序串方式。

5.3.3 朴素匹配算法

串匹配的算法很多，朴素匹配算法是其中一种最简单的子串匹配算法。朴素匹配算法的基本思想是将子串中的字符与主串一个一个地进行比较，如果子串全部比较完毕，表示匹配成功；否则将子串与主串从主串的下个位置开始继续比较。这个算法实际上就是基本运算中的 Index() 函数所实现的功能。

在串匹配中，一般将主串称为目标串，子串称之为模式串。设 S 为目标串，T 为模式串，且不妨设：

$$S = \text{“}s_0 s_1 s_2 \cdots s_{n-1}\text{”} \quad T = \text{“}t_0 t_1 \cdots t_{m-1}\text{”}$$

串的匹配实际上是对于合法的位置 $0 \leqslant i \leqslant n-m$ 依次将目标串中的子串 $s[i...i+m-1]$ 和模式串 $t[0...m-1]$ 进行比较。

若 $s[i...i+m-1] = t[0...m-1]$，则称子串从位置 i 开始匹配成功，亦称模式 t 在目标 s 中出现；若 $s[i...i+m-1] \neq t[0...m-1]$，则称从位置 i 开始的匹配失败。

上述位置 i 又称为位移，当 $s[i...i+m-1] = t[0...m-1]$ 时，i 称为有效位移；当

$s[i...i+m-1] \neq t[0...m-1]$时,i称为无效位移。这样,串匹配问题可简化为是找出某给定模式 T 在一给定目标 S 中首次出现的有效位移。

在算法设计时,其基本思想是用一个循环来依次检查 $n-m+1$ 个合法的位移,相应的算法思想描述为:

```
for(i=0;i<=n-m;i++){
    if(S[i...i+m-1]=T[0...m-1])
    return i;
}
```

该算法在最坏情况下的时间复杂度为 $O((n-m)m)$。

具体的算法如算法5.1。

```
int Index(SString S,SString T,int pos)
{
    //返回子串 T 在主串 S 中第 pos 个字符之后的位置。若不存在,则函数值为 0。
    //其中,T 非空,1≤pos≤StrLength(S)。
    i=pos;
    j=1;
    while(i<=s[0] && j<=T[0])
    {
        if(S[i]==T[j]){++i;++j;}
        else {i=i-j+2;j=1;}
    }
    if(j>T[0])return i-T[0];
    else return 0;
}
```

算法 5.1 串的朴素匹配算法

5.3.4 KMP 算法

KMP(D.E.Knuth,V.R.Pratt,J.H.Morris)算法是 D.E.Knuth,V.R.Pratt,J.H.Morris 同时发现的,因此以这三人名字的首字母来命名。

KMP算法改进了朴素匹配算法,在朴素匹配算法的每一趟匹配过程中,当出现字符不相等的时候,没有完全利用上一趟比较过程中已经比较过的字符信息,而 KMP 算法利用了上一趟匹配过程中已经得到的部分匹配结果,不用将指针回溯到最开始的位置。这种改进使 KMP 算法的时间复杂度可以达到 $O(m+n)$。

例:在 S="abcabcabdabba"中查找 T="abcabd",如果使用 KMP 匹配算法,当第一次搜索到 S[5]和 T[5]不等后,S 下标不是回溯到 1,T 下标也不是回溯到开始,而是根据 T 中 T[5]=='d'的模式函数值(next[5]=2),直接比较 S[5]和 T[2]是否相等,因为 S[5]与 T[2]相等,所以 S 和 T 的下标同时增加,最终在 S 中找到了 T。比较过程如图 5.1 所示。

KMP 匹配算法和简单匹配算法效率比较,其优势是非常明显的,因为它不用在失配的

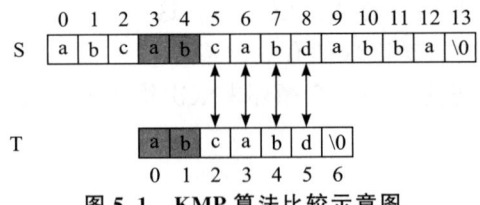

图 5.1　KMP 算法比较示意图

时候从头开始进行重新匹配。对于一般串的匹配，KMP 时间复杂度为 O(m+n)，因此在多数的实际应用场合下被应用。其算法如算法 5.2 所示。

```
Int Index_KMP(SString S,SString T,int pos)
{
  i=pos;   j=1;
  while(i<=S[0] && j<=T[0]){
    if(j==0|| S[i]==T[j]){++i,++j}      //不失配则继续比较后续字符
    else {j=next[j];}                   //S 的 i 指针不回溯，从 T 的 k 位置开始匹配
    }
    if(j>T[0])return i-T[0];            //子串结束，说明匹配成功
    else return0;
}//Index_KMP
```

算法 5.2　串匹配的 KMP 算法

其中，next[] 由下式决定：

$$next[j]=\begin{cases}0 & \text{当 } j=1 \text{ 时}\\ \max\{k\,|\,1<k<j\text{ 且 }`T_1\cdots T_{k-1}`=`T_{j-(k-1)}\cdots T_{j-1}`\}\\ 1 & \text{其他情况}\end{cases}$$

5.4 实验步骤

1. 建立本次实验的项目。
2. 增加一个文件 SSTring.cpp，用于实现字符串的存储和相关字符串操作；另外再增加一个文件 Main.cpp 用于实现本次实验串的应用，并引用字符串数据结构所在文件。
3. 设计和实现串的定长顺序存储结构或堆分配存储结构。
4. 实现字符串子串匹配的朴素匹配算法。
5. 实现字符串子串匹配的 KMP 算法。
6. 实现字符串应用主程序，从文件中输入主串和子串，并加以判断，最后输出结果。
7. 对整个算法和实验程序进行测试，特别注意空串等特殊情况的出现和处理。
8. 撰写实验报告。

5.5 实验程序参考

5.5.1 SString.cpp

```
/*****************************************************************
    该文件实现了一个简单的字符串存储结构——定长顺序存储结构。并且在该结构的基
础上实现了有关字符串子串匹配的两个算法:简单模式匹配算法和KMP算法。
*****************************************************************/
#define MAXSIZE 100
int next[MAXSIZE];
typedef struct
{
    char ch[MAXSIZE];
    int len;
}SString;
//简单模式匹配,算法的输入S指向目标串,t指向模式串
//若找到该子串,则返回t在s中的位置,否则返回0.
int BFIndex(SString *s,SString *t)
{   int i=1,j=1,k;
    while(i<=s->len && j<=t->len)
    {
        if(s->ch[i]==t->ch[j])      /* 继续匹配下一个字符 */
        {
            i++;j++;                /* 主串和子串依次匹配下一个字符 */
        }
        else       /* 主串、子串指针回溯重新开始下一次匹配 */
        {
            i=i-j+2;    /* 主串从下一个位置开始匹配 */
            j=1;        /* 子串从头开始匹配 */
        }
    }
    if(j>t->len)
        k=i-t->len;    /* 返回匹配的第一个字符的下标 */
    else
        k=0;           /* 模式匹配不成功 */
    return k;
}
//KMP模式匹配算法的输入S指向目标串,t指向模式串
```

```c
//若找到该子串,则返回 t 在 s 中的位置,否则返回 0.
int KMPIndex(SString *s,SString *t)
{
    //int next[MAXSIZE];
    int i=1,j=1;
    if((t->len==0)||(s->len<t->len))
        return 0;
    else
    {
        while((i<=s->len)&&(j<=t->len))
        {
            if((j==0)||(s->ch[i]==t->ch[j]))
            { i++;j++;}
            else
                j=next[j];
        }
        if(j>t->len)
            return i-t->len;
        else
            return 0;
    }
}
/* 求模式串 t 的 next 函数值并存入数组 next[]中 */
void getnext(SString *t)
{
    int i,j;
    i=1;j=0;
    next[1]=0;/* 初始化指示器变量并给 next[0]赋零值 */
    while(i<t->len)
    if((j==0)||(t->ch[i]==t->ch[j]))
    {
        i++;j++;
        next[i]=j;
    }
    else
        j=next[j];
}
```

5.5.2 main.cpp

/**

该文件是本次实验的主程序所在,定义了两个自定义字符串类型变量,并且调用字符串的模式匹配算法

**/

```
#include<stdio.h>
#include "SString.cpp"
void main()
{
    SString *s,*t,s1,t1;
    s=&s1,t=&t1;
    int choice=1;
    while(choice)
    {
        printf("请输入主串和主串的长度\n");
        scanf("%s %d",s->ch+1,&s->len);
        printf("请输入子串和子串的长度\n");
        scanf("%s %d",t->ch+1,&t->len);
        getnext(t);
        printf("简单模式匹配的结果是:%d\n",BFIndex(s,t));
        printf("KMP模式匹配的结果是:%d\n",KMPIndex(s,t));
        printf("是否继续? Y(请输入 1),N(请输入 0)\n");
        scanf("%d",&choice);
    }
}
```

5.5.3 结果截图

按照上述步骤实现字符串及其匹配操作,并在 main 函数中对所定义串加以应用。最后运行该程序,可以得到如图 5.2 和图 5.3 的运行结果。

```
请输入主串和主串的长度
aaaaaaaaaaaaaaaaaaab 20
请输入子串和子串的长度
ab 2
简单模式匹配的结果是：19
KMP模式匹配的结果是：19
是否继续？Y（请输入1），N（请输入0）
```

图 5.2 运行截图 1

```
请输入主串和主串的长度
abcdefghij 10
请输入子串和子串的长度
aba 3
简单模式匹配的结果是：0
KMP模式匹配的结果是：0
是否继续？Y（请输入1），N（请输入0）
```

图 5.3　运行截图 2

5.6 选做：两种子串匹配算法的性能对比

编写一个自动字符串生成程序，或者可以在附录三的程序中进行部分改动。在这样一个较大的文件中寻找一个子串，并对比两种算法的性能，完成表 5-1。

表 5-1　两种子串匹配算法的性能对比

序号	子串长度	主串长度	朴素匹配算法用时/ms	KMP 算法用时/ms
1	10	100,000		
2	10	500,000		
3	10	2,000,000		
4	20	100,000		
5	20	500,000		
6	20	2,000,000		
7	40	100,000		
8	40	500,000		
9	40	2,000,000		

第6章 二叉树的建立、遍历及常用运算

在现实生活中,除了线性结构外,还有一些非线性结构,例如机构行政组织的层次关系、学生—班级—系—学校之间的隶属关系,树正是用来表示这些层次关系的数据结构。树是一种应用极为广泛的数据结构,也是这门课程的重点之一,其特点在于非线性。

本章实验和下一章(图)实验继续突出程序设计＝数据结构＋算法的观点。在树和图的操作中,遍历操作是其他众多操作的基础,在遍历逻辑结构的过程中,访问动作可以是任何操作,例如打印、比较、复制等,由此也就有了树的复制、相似比较等操作。

本章根据树结构的非线性特点,进一步将实验要求集中在遍历操作以及遍历操作的应用上。树的实验和图的实验还希望达到熟练应用各种存储结构以及掌握应用树和图结构解决具体问题(即原理与应用的结合)等目的。

6.1 实验目的

1. 熟练掌握树的基本概念、定义和性质。
2. 熟练掌握二叉树的二叉链表存储结构,以及二叉树的各种基本操作。
3. 掌握构造二叉链表树的不同算法,能够从输入数据构造二叉树。
4. 掌握遍历二叉树的三种递归算法。
5. 学习利用栈/队列实现二叉树的非递归遍历操作。
6. 能够对二叉树遍历操作加以灵活应用,实现计算二叉树的结点、计算二叉树的深度和计算二叉树叶子结点的算法。
7. 进一步加深对二叉树结构和性质的理解,逐步培养解决实际问题的编程能力。
8. 学习类、模板的应用。

6.2 实验内容及要求

6.2.1 实验内容

1. 从输入数据的基础上建立二叉链表树,并实现二叉树抽象类型定义中的基本操作。
2. 分别调用先序、中序和后序遍历递归算法对二叉链表树进行遍历,对比各种不同遍历算法的结果。
3. 尝试使用不同的存储结构存储二叉树,例如顺序存储,并能够实现两种存储结构之间的转换。
4. 用非递归方法实现二叉树的遍历操作。
5. 实现计算二叉树的深度算法。

6. 实现计算二叉树的叶子结点算法。

6.2.2 实验要求

1. 提前预习二叉树的定义以及树的不同存储方法,对比各种方法的优缺点。
2. 实验前要求能够理解有关树的各种操作的基本思想,并掌握相关操作的算法。
3. 基于二叉树遍历操作,设计遍历操作的应用:计算二叉树深度、叶子等算法。
4. 编写完整的程序,实现二叉树的基本操作,完成树的应用程序,并上机调试和运行。
5. 整理并上交实验报告。
6. 本次实验要求在 6 学时内完成。

6.3 知识点提示

6.3.1 ADT Tree

树的抽象数据类型 Tree:

{

数据对象 D:一个集合,该集合中的所有元素具有相同的特性。

数据关系 R:若 D 为空集,则树为空树。若 D 中仅含有一个数据元素,则 R 为空集,否则 R={H},H 是如下的二元关系:

(1)在 D 中存在唯一的称为根的数据元素 root,它在关系 H 下没有前驱。

(2)除 root 以外,D 中每个结点在关系 H 下都有且仅有一个前驱。

基本操作:

(1)InitTree(Tree):将 Tree 初始化为一棵空树。

(2)DestoryTree(Tree):销毁树 Tree。

(3)CreateTree(Tree):创建树 Tree。

(4)TreeEmpty(Tree):若 Tree 为空,则返回 TRUE,否则返回 FALSE。

(5)Root(Tree):返回树 Tree 的根。

(6)Parent(Tree,x):树 Tree 存在,x 是 Tree 中的某个结点。若 x 为非根结点,则返回它的双亲,否则返回"空"。

(7)FirstChild(Tree,x):树 Tree 存在,x 是 Tree 中的某个结点。若 x 为非叶子结点,则返回它的第一个孩子结点,否则返回"空"。

(8)NextSibling(Tree,x):树 Tree 存在,x 是 Tree 中的某个结点。若 x 不是其双亲的最后一个孩子结点,则返回 x 的下一个兄弟结点,否则返回"空"。

(9)InsertChild(Tree,p,Child):树 Tree 存在,p 指向 Tree 中某个结点,非空树 Child 与 Tree 不相交。将 Child 插入 Tree 中,做 p 所指向结点的子树。

(10)DeleteChild(Tree,p,i):树 Tree 存在,p 指向 Tree 中某个结点,$1 \leqslant i \leqslant d$,d 为 p 所指向结点的度。删除 Tree 中 p 所指向结点的第 i 棵子树。

(11)PreTraverseTree(Tree,Visit()):树 Tree 存在,Visit()是对结点进行访问的函数。按照先序对树 Tree 的每个结点调用 Visit()函数访问一次且最多一次。若 Visit()失败,则操作失败。

(12)InTraverseTree(Tree,Visit( ))：对于二叉树的情况，树 Tree 存在，Visit( )是对结点进行访问的函数。按照中序对树 Tree 的每个结点调用 Visit( )函数访问一次且最多一次。若 Visit( )失败,则操作失败。

(13)PostTraverseTree(Tree,Visit( ))：树 Tree 存在，Visit( )是对结点进行访问的函数。按照后序对树 Tree 的每个结点调用 Visit( )函数访问一次且最多一次。若 Visit( )失败,则操作失败。
}

二叉树的抽象数据类型与一般树的抽象数据类型类似，只不过二叉树的结点的度 $d\leqslant 2$，而一般树结点的度无此限制。

对于图 6.1，用 ADT 描述树 T1 为：
T1{
   D={A,B,C,D,E,F,G,H}
   R={<A,B>,<A,C>,<B,D>,<D,F>,<D,G>,<C,E>,<E,F>}
}

6.3.2 二叉树的存储结构

二叉树的存储结构有两种：顺序存储结构和链式存储结构。其中，顺序存储结构是以如下性质作为实现二叉树顺序存储的理论依据。

性质：对于具有 n 个结点的完全二叉树，如果按照从上到下和从左到右的顺序对二叉树中所有结点从 1 开始按顺序编号，则对于任意的序号为 i 的结点有：

(1)如 $i=1$，则序号为 i 的结点是根结点，无双亲结点；如 $i>1$，则序号为 i 的结点的双亲结点序号为[i/2]。

(2)如 $2\times i>n$，则序号为 i 的结点无左孩子；如 $2\times i\leqslant n$，则序号为 i 的结点的左孩子结点的序号为 $2\times i$。

(3)如 $2\times i+1>n$，则序号为 i 的结点无右孩子；如 $2\times i+1\leqslant n$，则序号为 i 的结点的右孩子结点的序号为 $2\times i+1$。

利用上述性质，图 6.1 所示的二叉树 T1 就可以利用顺序存储法进行存储，其顺序存储结果如图 6.2 所示。

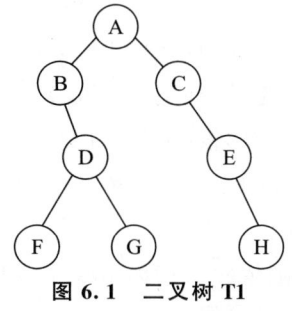

图 6.1 二叉树 T1

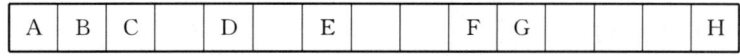

图 6.2 二叉树 T1 的顺序存储

顺序存储方法需要的空间和树的高度 h 有关,存储需要的空间为 2^h-1。从图 6.2 中可以看出,T1 只有 7 个结点,而实际上需要的存储空间却是 15,其空间利用率只有一半左右,更极端的情况是,如果图有 n 个结点,且深度 $h=n$,那么,其空间利用率只有 $\dfrac{n}{2^n-1}$。为了解决这一问题,可以采用链式存储结构。

链式存储结构中的二叉链表存储法定义每棵树节点包括左右两个指针,利用两个指针分别指向左右子树,其结点结构如图 6.3 所示。其中,LChild 域指向该结点的左孩子,Data 域记录该结点的信息,RChild 域指向该结点的右孩子。利用该存储方法存储二叉树 T1,其存储结果如图 6.4 所示。

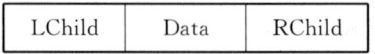

图 6.3　二叉树的链式存储结点结构

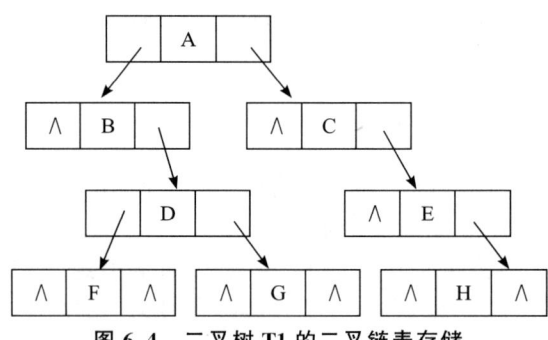

图 6.4　二叉树 T1 的二叉链表存储

6.3.3 二叉树的遍历

二叉树的遍历有多种方法,如果用 L、D、R 分别表示遍历左子树、访问根结点、遍历右子树,那么对二叉树的遍历顺序就可以分为如下六种方式:

(1)访问根,遍历左子树,遍历右子树(记作 DLR)。
(2)访问根,遍历右子树,遍历左子树(记作 DRL)。
(3)遍历左子树,访问根,遍历右子树(记作 LDR)。
(4)遍历左子树,遍历右子树,访问根(记作 LRD)。
(5)遍历右子树,访问根,遍历左子树(记作 RDL)。
(6)遍历右子树,遍历左子树,访问根(记作 RLD)。

在这些遍历顺序中,DLR、LDR、LRD 这三种被应用得最多,其中:

1. 先序遍历(DLR)操作过程

若二叉树为空,则空操作,否则依次执行如下 3 个操作:

(1)访问根结点;
(2)按先序遍历左子树;
(3)按先序遍历右子树。

2. 中序遍历(LDR)操作过程

若二叉树为空,则空操作,否则依次执行如下 3 个操作:

(1)按中序遍历左子树;

(2)访问根结点;

(3)按中序遍历右子树。

3. 后序遍历(LRD)操作过程

若二叉树为空,则空操作,否则依次执行如下 3 个操作:

(1)按后序遍历左子树;

(2)按后序遍历右子树;

(3)访问根结点。

二叉树遍历的递归算法可以从上述六种方式中直接得到,具有简单、易于实现的优点。但是,在很多情况下,递归算法有其自身的不足之处,例如对所访问树的深度受到系统栈的限制、访问效率低等。因此,在具体使用二叉树的遍历时,常常会把递归算法转换成非递归算法加以实现。

6.3.4 二叉树遍历的非递归算法(中序)

二叉树遍历的非递归算法需要用到栈或者队列等数据结构。算法 6.1 实现了一个中序遍历二叉树的非递归算法,该算法利用栈作为辅助的存储结构。

```
void   InOrder(BiTree root)/* 中序遍历二叉树的非递归算法 */
{
    InitStack(&S);
    p=root;
    while(p! =NULL || ! IsEmpty(S))
    {
      if(p! =NULL)/* 根指针进栈,遍历左子树 */
      {
        Push(&S,p);
        p=p->LChild;
      }
      else
      { /*根指针退栈,访问根结点,遍历右子树 */
        Pop(&S,&p);Visit(p->data);
        p=p->RChild;
      }
    }
}
```

算法 6.1 二叉树非递归中序遍历算法

该算法在执行过程中,利用栈保存其所经过的从根到当前节点的路径,所以该算法在执行过程中所需栈的最大容量不会超过二叉树的深度,其空间复杂度为 O(h),其中 h 表示所要遍历二叉树的深度。在执行时间上,每一个节点都只访问一次,且对应有出入栈操作,所以二叉树非递归中序遍历算法的时间复杂度为 O(n),其中 n 为二叉树的节点数。对于二叉树遍历算法的递归实现,其时间和空间复杂度也与非递归算法类似,不过,非递归算法所用空间为系统栈。

6.3.5 二叉树构造的递归算法(扩展先序)

二叉树的许多运算都是通过对二叉树遍历操作的扩展得到的,例如二叉树的构造操作。给定一棵二叉树,可以通过遍历得到它的遍历序列;反过来,给定一棵二叉树的遍历序列,也可以创建相应的二叉链表表示该二叉树。

这里所说的遍历序列是一种"扩展的遍历序列"。在通常的遍历序列中,均忽略空子树,而在扩展的遍历序列中,必须用特定的元素表示空子树。例如,图 6.2 中的二叉树 T1 的"扩展先序遍历序列"为:ABϕDFϕϕGϕϕCϕEϕHϕϕ(其中用 ϕ 表示空子树)。

利用"扩展先序遍历序列"创建二叉链表的算法如算法 6.2。

```
void CreateBiTree(BiTree * bt)
{
    char ch;
    ch=getchar();
    if(ch=='.') * bt=NULL;
    else
    {
        * bt=(BiTree)malloc(sizeof(BiTNode));
        ( * bt)->data=ch;
        CreateBiTree(&(( * bt)->LChild));
        CreateBiTree(&(( * bt)->RChild));
    }
}
```

算法 6.2　创建二叉树的二叉链表存储

6.4 实验步骤

1. 建立本次实验的项目文件。
2. 新增一个用于存储二叉树类定义以及二叉树类操作的程序文件 BiTree.cpp。
3. 构造二叉树的二叉链表存储结构。
4. 实现初始化空二叉树的操作。
5. 实现二叉树生成算法,该算法能够以指定的输入数据为基础创建二叉树。
6. 实现二叉树 ADT 中所列出的基本操作。
7. 分别用递归的方法实现二叉树的先序、中序、后序遍历操作。

8. 尝试设计非递归算法,实现二叉树的先序非递归遍历操作和中序非递归遍历操作。

9. 思考并实现求二叉树深度的操作。

10. 思考并实现求二叉树叶子节点数目的操作。

11. 思考并实现二叉树的顺序存储转换、二叉树的文件存储操作。

12. 实现二叉树的释放操作。

13. 编写主程序,实现二叉树构造算法的调用、二叉树各种遍历操作的应用以及相关二叉树操作。

14. 对程序进行测试,例如输入先序遍历结果:ABCφφDEφGφφFφφφ(其中φ表示空格字符),构造二叉树,三种遍历结果为:

先序:ABCDEGF;

中序:CBEGDFA;

后序:CGEFDBA。

15. 对整个算法和实验程序进行测试,特别注意空树等特殊情况的出现和处理。

16. 撰写实验报告。

6.5 实验程序参考

本次实验参考程序分为两个文件实现:BiTree.cpp,该文件主要用于定义二叉树结构,实现二叉树的各种操作;main.cpp,该文件的 main 函数中实现了对所定义二叉树的一些简单应用,用于测试所构造二叉树类的正确性。

6.5.1 BiTree.cpp

/**

本章对二叉树的实现采用面向对象的思想,把树构造成一个类,所有对树的操作将作为类的方法实现。该树定义只实现了部分树的基本操作,更多的请补充完整。

以下代码均为二叉树类的组成部分,包括了二叉树结点的结构体定义,以及建立在该结构上的操作。二叉树的结点包括数据域、左右孩子指针,数据域中所存储的数据可以是简单的 char 类型,也可以是自定义的一些其他数据类型。需要注意的是这里对递归函数的处理:构造一个类公有函数,在这个函数中调用类的私有递归函数。

操作主要包括:

1. 函数 Create_tree()建立二叉树。

2. 函数 Preorder()先序遍历二叉树。

3. 函数 Inorder()中序遍历二叉树。

4. 函数 Postorder()后序遍历二叉树。

5. 函数 Destory()释放该树所占用空间。

6. 函数 InOrderNotRescure()非递归遍历二叉树。

7. 函数 Nodes()计算二叉树节点。

8. 函数 Deepth()计算二叉树深度。

9. 函数 Leaves()计算二叉树的叶子数目。

```cpp
*******************************************************/
#include "stdafx.h"
#include<stdio.h>
#include "../book_LinkStack/LinkStack.h"      //使用到链栈,用 include 引入
//用模板的方式实现
template<typename ElemType>
class BiTree{
    //定义树节点结构及其指向该节点的指针类型
    typedef struct BiTNode
    {
        ElemType data;
        struct BiTNode *lchild, *rchild;
    }BiTNode, *PBiTNode;
    PBiTNode root;    //指向树根
    //树的析构函数,该函数调用_Destory 释放所有结点
    public:~BiTree()
    {
        _Destory(root);
    }
    //构造二叉树操作,该函数提供一个对外的接口,真正实现构造函数的是
    //其调用的_Create_tree 函数,因为_Create_tree 函数使用了递归调用,不便
    //直接作为类的公有接口函数。
    public:void Create_Tree()
    {
        _Create_tree(root);
    }
    //使用递归的方法实现二叉树的创建
    private:int _Create_tree(PBiTNode &T)   //建立二叉树
    {
        char ch;
        ch=getchar();
        if(ch==' ')T=NULL;
        else
        {
            T=new BiTNode;
            if(!T)
                return 0;
            T->data=ch;                // 生成根结点
            _Create_tree(T->lchild);   // 构造左子树
```

```
            _Create_tree(T->rchild);        // 构造右子树
        }
    return 1;
} // CreateBiTree
// 先序遍历二叉树,visit 为遍历操作函数
public: void PreTravel(void( * visit)(ElemType))
{
    _Preorder(root,visit);
}
// 先序遍历二叉树,内部递归实现
private: void _Preorder(PBiTNode T,void( * visit)(ElemType))
{
    if(T)
    {
        visit(T->data);                     // 访问结点
        _Preorder(T->lchild,visit);         // 遍历左子树
        _Preorder(T->rchild,visit);         // 遍历右子树
    }
}
// 中序遍历二叉树,visit 为遍历操作函数
public: void InTravel(void( * visit)(ElemType))
{
    _Inorder(root,visit);
}
// 中序遍历二叉树,内部递归实现
private: void _Inorder(PBiTNode T,void( * visit)(ElemType))
{
    if(T)
    {
        _Inorder(T->lchild,visit);          // 遍历左子树
        visit(T->data);                     // 访问结点
        _Inorder(T->rchild,visit);          // 遍历右子树
    }
}
// 后序遍历二叉树,visit 为遍历操作函数
public: void PostTravel(void( * visit)(ElemType))
{
    _Postorder(root,visit);
}
```

```cpp
// 后序遍历二叉树,内部递归实现
private:void _Postorder(PBiTNode T,void(*visit)(ElemType))
{
    if(T)
    {
        _Postorder(T->lchild,visit);    // 遍历左子树
        _Postorder(T->rchild,visit);    // 遍历右子树
        visit(T->data);                  // 访问结点
    }
}
//释放T所指子树,该函数在析构函数中被调用
private:void _Destory(PBiTNode T)
{
    if(T)
    {
        _Destory(T->lchild);
        _Destory(T->rchild);
        delete T;
    }
}
//中序遍历二叉树的非递归实现,visit为遍历操作函数
public:void InOrderNotRescure(void(*visit)(ElemType))
{
    Stack<PBiTNode>S;
    PBiTNode p=root;
    while(p!=NULL || !S.StackEmpty())
    {
        if(p!=NULL)                    /* 根指针进栈,遍历左子树 */
        {
            S.Push(p);
            p=p->lchild;
        }
        else                            /* 根指针退栈,访问根结点,遍历右子树 */
        {
            S.Pop(p);
            visit(p->data);
            p=p->rchild;
        }
    }//end of while
```

}
//计算二叉树节点,内部递归实现
private:int _NodesCount(PBiTNode T)
{
    if(T==NULL)return 0;
    else
        return _NodesCount(T->lchild)+_NodesCount(T->rchild)+1;
}
//计算二叉树节点
public:int NodesCount()
{
    return _NodesCount(root);
}
//计算二叉树深度,内部递归实现
private:int _Deepth(PBiTNode T)
{
    if(T==NULL)return 0;
    else
    {
        int left=_Deepth(T->lchild);
        int right=_Deepth(T->rchild);
        if(left>right)return left+1;
        else return right+1;
    }
}
//计算二叉树深度
public:int Deepth()
{
    return _Deepth(root);
}
//计算二叉树的叶子数目
private:int _LeafCount(PBiTNode T)
{
    if(T==NULL)return 0;
    else if(T->lchild==NULL && T->rchild==NULL)return 1;
    else
        return _LeafCount(T->lchild)+_LeafCount(T->rchild);
}
public:int LeafCount()   //计算二叉树的叶子数目

```
        {
            return _LeafCount(root);
        }
};
```

6.5.2 main.cpp

/**

该程序整合了树的一些基本操作,形成了一个交互式树操作演示程序。具体使用时,需要首先选择"1. 建立二叉树",之后才可以进行后继的操作。

***/

```cpp
#include "stdafx.h"
#include "BiTree.h"
//生成主菜单,实现可选的各类操作
void menu(){
    printf("1. 建立二叉树\n");
    printf("2. 前序遍历二叉树\n");
    printf("3. 中序遍历二叉树\n");
    printf("4. 后序遍历二叉树\n");
    printf("5. 非递归中序遍历二叉树\n");
    printf("6. 计算二叉树的深度\n");
    printf("7. 计算二叉树的叶子数\n");
    printf("8. 计算二叉树的节点数\n");
    printf("9. 退出\n");
}
void visit(char e)
{
    printf("%5c",e);
}
//该项目主函数开始
int _tmain(int argc,_TCHAR * argv[])
{   menu();
    BiTree<char>T;
    int a;
    printf("input integer number:\n");
    scanf("%d",&a);
    getchar();
    while(a!=9)
    {
        switch(a)
```

```
    {
        case 1:printf("input tree:");T.Create_Tree();break;
        case 2:T.PreTravel(visit);break;
        case 3:T.InTravel(visit);break;
        case 4:T.PostTravel(visit);break;
        case 5:T.InOrderNotRescure(visit);break;
        case 6:printf("树的深度为:%d\n",T.Deepth());break;
        case 7:printf("树的叶子数为:%d\n",T.LeafCount());break;
        case 8:printf("树的节点数为:%d\n",T.NodesCount());break;
        case 9:break;
    }//end of switch
    getchar();
    menu();
    scanf("%d",&a);
    getchar();
}//end of while
}
```

6.5.3 运行截图

按照上述步骤实现二叉树结构的各种操作,并在 main 函数中对所定义树加以应用。最后运行该程序,按要求输入二叉树,运行可以得到如图 6.5 的运行结果。

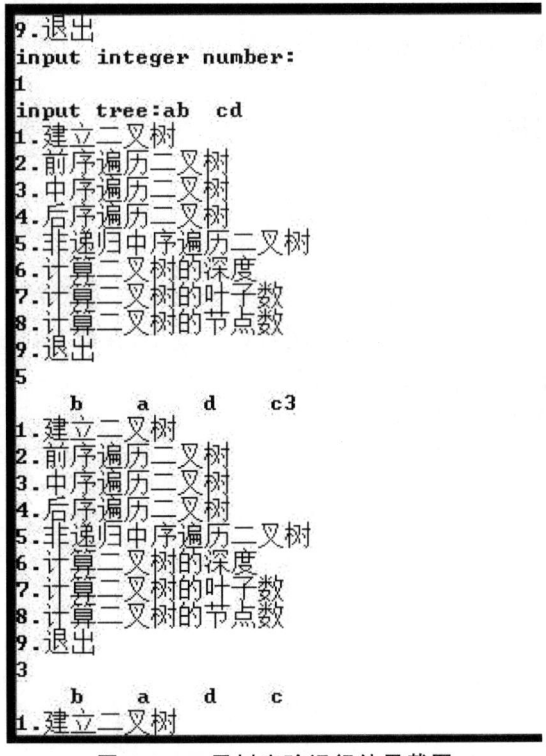

图 6.5 二叉树实验运行结果截图

6.6 常见问题及思考

1. 如何计算二叉链表存储的二叉树中度数为1的结点数?
提示:在遍历操作的基础上进行扩展以实现该操作。
2. 已知有一棵以二叉链表存储的二叉树,root指向根结点,p指向二叉树中任一结点,如何求从根结点到p所指结点之间的路径?
提示:只需要把访问该节点时栈的数据打印出来便可。
3. 有两棵二叉树,如何对比两棵二叉树是否相同。
提示:在遍历操作的基础上进行扩展以实现该操作。
4. 编写一个函数或过程判定两棵二叉树是否相似,所谓两棵二叉树s和t相似,即是要么它们都为空或都只有一个结点,要么它们的左右子树都相似。(也就是说相似的判断不关心树上结点的内容,而只关心树的结构)
提示:在遍历操作的基础上进行扩展以实现该操作。
5. 若要复制一棵二叉树,那么该算法应如何实现。
提示:在遍历操作的基础上进行扩展以实现该操作。

6.7 选做:哈夫曼树与哈夫曼编码

哈夫曼树是一种带权路径长度最小的树,在许多领域都有其应用实例,例如在压缩编码上对哈夫曼编码的应用。本章选做内容为哈夫曼树与哈夫曼编码。

[实验目的]
1. 掌握二叉树的静态数组存放,理解静态链表的使用。
2. 掌握哈夫曼编码的基本概念。
3. 掌握哈夫曼编码树的构造方法。
4. 掌握哈夫曼编码的构造和使用。
5. 理解前缀编码的概念。

[实验内容]
1. 以字符出现概率为依据,构造一棵哈夫曼树。要求输入为一个文本文件(可以限制文本仅仅包含字母),通过统计字符出现的次数计算概率,在此基础上构造哈夫曼树。
2. 打印出每一个字母对应的哈夫曼编码。
3. 计算该文本字符的平均编码长度。

第 7 章　图及其应用

图是一种广泛应用的数据结构,常被用于组织一些复杂的数据关系,例如人际关系,城市的交通网络,供水、供电形成的网络等。图这一数据结构对这些复杂的数据关系进行抽象,用图的方式进行描述和操作。

本章分析图的多种不同存储方法,并在具体存储结构的基础上构造图的相关操作。本次实验将实现图数据结构的存储和基本操作,并以交通网为应用,要求利用图结构加以表示,并利用算法求解相关问题。

7.1 实验目的

1. 加深对图这一数据结构的理解,学习利用图来表示和解决实际问题。
2. 至少要求掌握图的两种存储方法(邻接矩阵表示法和邻接表表示法),并理解图的不同存储方法所表示的含义和不同存储方法之间的转换。
3. 掌握图的基本操作的实现方法。
4. 在掌握邻接表/邻接矩阵表示法的基础上实现图的深度优先和广度优先遍历。
5. 掌握图的最短路径算法。
6. 学会利用类组织程序,抽象类定义。
7. 复习类的重载、模板等,复习文件数据的读取操作。

7.2 实验内容及要求

7.2.1 实验内容

1. 完成邻接表存储方式或邻接矩阵存储方式,具体存储可以任选一种。
2. 基于具体的存储方式实现图的基本操作。
3. 从文件中读取城市及城市间距离信息,利用所构造的图来表示城市交通距离信息,其中图的结点用于表示城市,结点之间边的权值表示城市之间的距离。
4. 在邻接表/邻接矩阵的基础上实现图的深度优先遍历操作,并输出遍历结果。
5. 在邻接表/邻接矩阵的基础上实现图的广度优先遍历操作,并输出遍历结果。
6. 编写最短路径算法,根据所要查询的城市对,求取并输出城市间的最短路径。

7.2.2 实验要求

1. 提前预习图的定义以及图的不同存储方法,掌握各种不同存储方法适用的范围,对比各种方法的优缺点。

2. 实验前要求能够理解有关图的各种操作的基本思想,并掌握相关基本操作的算法。
3. 能够把城市距离关系用所构造的图加以表示,并解决最短路径问题。
4. 编写完整的程序完成实验内容,并上机调试和运行。
5. 整理并上交实验报告。
6. 本次实验要求在 6 学时内完成。

7.3 知识点提示

7.3.1 图的抽象数据类型

图的抽象数据类型 Graph{

数据对象 V:一个集合,该集合中的所有元素具有相同的特性。

数据关系 R:R={VR}
$$VR=\{<x,y>|P(x,y)\land(x,y\in V)\}$$

基本操作:

(1)CreateGraph(G):创建图 G。

(2)DestoryGraph(G):销毁图 G。

(3)LocateVertex(G,v):确定顶点 v 在图 G 中的位置,一般是该顶点对应的下标。若图 G 中没有顶点 v,则函数值为"空"。

(4)GetVertex(G,i):取出图 G 中第 i 个顶点的值。若 i 大于图 G 中顶点数,则函数值为"空"。

(5)FirstAdjVertex(G,v):求图 G 中顶点 v 的第一个邻接点。若 v 无邻接点或图 G 中无顶点 v,则函数值为"空"。

(6)NextAdjVertex(G,v,w):已知 w 是图 G 中顶点 v 的某个邻接点,求顶点 v 的下一个邻接点(紧跟在 w 后面)。若 w 是 v 的最后一个邻接点,则函数值为"空"。

(7)InsertVertex(G,u):在图 G 中增加一个顶点 u。

(8)DeleteVertex(G,v):删除图 G 的顶点 v 及与顶点 v 相关联的弧。

(9)InsertArc(G,v,w):在图 G 中增加一条从顶点 v 到顶点 w 的弧。

(10)DeleteArc(G,v,w):删除图 G 中从顶点 v 到顶点 w 的弧。

(11)TraverseGraph(G):按照某种次序,对图 G 的每个结点访问一次且仅访问一次。

}

对于图的基本操作,其中的操作(1)~(10)和具体存储结构相关,而遍历操作(11)以及本章的最短路径、拓扑排序、最小生成树等,都是利用(1)~(10)这些基本操作实现的,可以说是和图的存储无关,这一点在具体的实现时需要注意。

7.3.2 邻接矩阵表示法

图的邻接矩阵表示法(Adjacency Matrix)也称作数组表示法。它采用两个数组来表示图:一个一维数组用于存储顶点信息;另一个是用于存储图中顶点之间关联关系的二维数组,这个关联关系数组被称为邻接矩阵。对于无权图和带权图,它们的邻接矩阵分别定义如下：

若图 G 是一个具有 n 个顶点的无权图，G 的邻接矩阵是具有如下性质的 n×n 矩阵 A：

$$A[i,j]=\begin{cases}1 & 若<v_i,v_j>\in VR\\0 & 反之\end{cases}$$

若图 G 是一个有 n 个顶点的网，则它的邻接矩阵是具有如下性质的 n×n 矩阵 A：

$$A[i,j]=\begin{cases}w_{ij} & 若<v_i,v_j>或(v_i,v_j)\in VR\\\infty & 其他\end{cases}$$

按照邻接矩阵的定义，图 7.1 的 G1 和 G2，其对应的邻接矩阵分别为：

$$A1=\begin{pmatrix}0 & 1 & 1 & 0\\0 & 0 & 0 & 0\\0 & 0 & 0 & 1\\1 & 0 & 0 & 0\end{pmatrix}\quad A2=\begin{pmatrix}0 & 1 & 0 & 1 & 0\\1 & 0 & 1 & 0 & 1\\0 & 1 & 0 & 1 & 1\\1 & 0 & 1 & 0 & 0\\0 & 1 & 1 & 0 & 0\end{pmatrix}$$

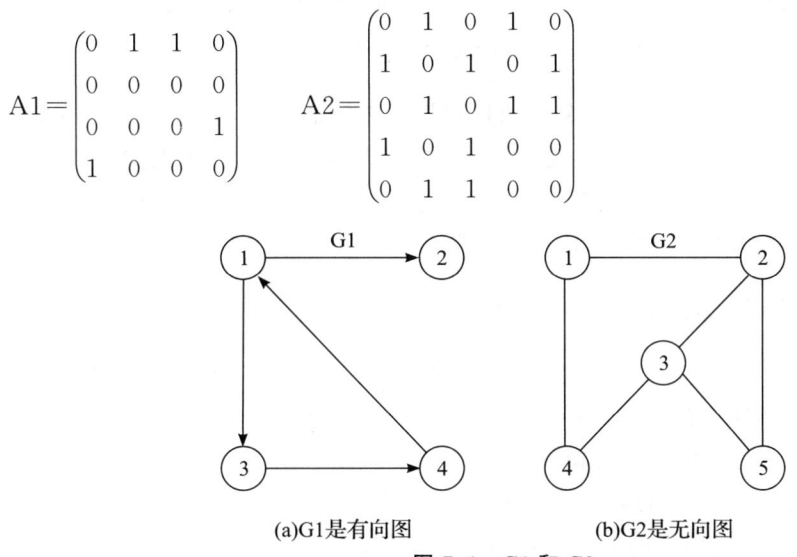

(a)G1是有向图 (b)G2是无向图

图 7.1　G1 和 G2

7.3.3 邻接表表示法

图的邻接矩阵表示法有其自身的优点（如容易理解、结构简单、易于实现），但对于稀疏图来讲，用邻接矩阵表示方法会造成存储空间的极大浪费。

邻接表（Adjacency List）表示法实际上是图的一种链式存储结构。它克服了邻接矩阵的弊病，其基本思想是只存关联的信息，对于图中存在的边则存储其信息。在邻接表中，对图中的每个顶点建立一个带头结点的边链表，如第 i 个边链表中的结点则表示所有依附于顶点 v_i 的边（若是有向图，则表示以 v_i 为弧尾的弧）。每条边链表的头结点又构成一个表头结点表。这样，一个 n 个顶点的图的邻接表表示法由表头结点表与边表两部分构成，其中：表头结点表由所有表头结点以顺序结构（向量）的形式存储，以便可以随机访问任一顶点的边链表。表头结点的结构如图 7.2 所示。表头结点由两部分构成，其中数据域（vexdata）用于存储顶点的名称或其他有关信息；链域（firstarc）用于指向链表中第一个顶点（即与顶点 v 邻接的第一个邻接点）。而边结点则由三个部分组成，分别是边上的基本信息，所表示边的弧头，也就是边的终点，为了能够把相同起点的边形成一个链表进行存储，所以还需要一个指向下一条具有相同弧尾的边结点的指针。

用邻接表表示图 7.1 中的 G1 和 G2 得到的邻接表如图 7.2 所示。

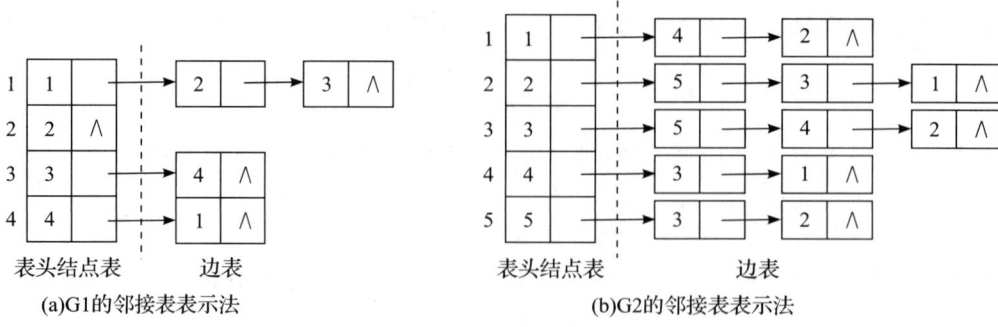

图 7.2　G1 和 G2 邻接表表示

邻接表表示法也有其局限性,例如要找到具有相同弧尾的边容易,而反过来要找到具有相同弧头的边却要遍历所有边才可。在无向图中,邻接表所表示每一条无向边都需要存储两次,容易造成空间浪费。为此,分别对有向图和无向图邻接表进行改造,得到邻接多重表和十字链表表示法。更加具体的内容,请参考相关教材。

7.3.4 图的深度优先遍历

深度优先搜索/遍历(Depth-First Search)是指按照深度方向搜索,它类似于树的先根遍历方法,是树的先根遍历方法的推广。深度优先搜索连通子图的基本思想是:

(1)从图中某个顶点 v_0 出发,首先访问 v_0。

(2)找出刚访问过的顶点 v_i 的第一个未被访问的邻接点 v_j,然后访问该邻接点 v_j。以 v_j 为新顶点,重复本步骤,直到当前的顶点没有未被访问的邻接点为止。

(3)返回前一个访问过的且仍有未被访问的邻接点的顶点,找出并访问该顶点的下一个未被访问的邻接点,执行步骤(2)。

按照上述深度优先遍历的基本思想,图的深度优先遍历算法的递归实现描述如算法 7.1 所示。

```
int visited[MAX-VERTEX-NUM];         /* 访问标志数组 */
void TraverseGraph(Graph g)
/* 对图 g 进行深度优先搜索,Graph 表示图的一种存储结构 */
{
    for(vi=0;vi<g.vexnum;vi++)visited[vi]=False;  /* 访问标志数组初始 */
    for(vi=0;vi<g.vexnum;vi++)     /* 调用深度遍历连通子图的操作 */
        /* 若图 g 是连通图,则此循环调用函数只执行一次 */
        if(!visited[vi])DepthFirstSearch(g,vi);
}/* TraverseGraph */
void DepthFirstSearch(Graph g,int v0)   /* 深度遍历 v0 所在的连通子图 */
{
    Visit(v0);visited[v0]=True;   /* 访问顶点 v0,并置访问标志数组相应分量值 */
    w=FirstAdjVertex(g,v0);
```

```
    while(w！=-1)    /* 邻接点存在 */
    {
      if(！Visited[w])DepthFirstSearch(g,w);   /* 递归调用 DepthFirstSearch */
      w=NextAdjVertex(g,v0,w);   /* 找下一个邻接点 */
    }
} /* DepthFirstSearch */
```

算法 7.1　图的深度优先遍历递归算法

在很多情况下,算法的时间复杂度分析不能根据 for 的数目进行估计,特别在使用栈、队列、递归的算法中。对于图的深度优先遍历递归算法,其时间复杂度分析如下。

假设图 G 有 n 个顶点,e 条边,每一个顶点访问一次,则 visit()共执行 n 次。在访问顶点过程中,为了查找邻接点,则和具体的存储结构有关。当采用邻接矩阵存储时,为了获取所有的邻接顶点,需要逐个访问矩阵值,共需要访问 $n*n$ 次矩阵值,所以其时间复杂度为 $O(n^2)$。而对于邻接表的情况,获取所有邻接顶点则和边数 e 相关,其时间复杂度为 $O(n+|e|)$。

递归算法在具体应用时有一定的限制,例如递归的效率、递归的层次限制等,算法 7.2 用非递归方式实现了图的深度优先遍历操作。图的深度优先遍历非递归算法与递归算法具有相同的时间复杂度。

```
void DFS(Graph g,int v0)   /* 从 v0 出发深度优先搜索图 g */
{   InitStack(S);       /* 初始化空栈 */
    Push(S,  v0);
    while(！Empty(S))
    {   v=Pop(S);
        /* 栈中可能有已经访问过的顶点,为了避免重复访问,用如下 if 语句 */
        if(！visited(v)){ visit(v);visited[v]=True;}
        w=FirstAdj(g,v);      /* 求 v 的第一个邻接点 */
        while(w！=-1)
        {   if(！visited(w))Push(S,w);
            w=NextAdjVertex(g,v,w);/* 求 v 相对于 w 的下一个邻接点 */
        }
    }
}
```

算法 7.2　图的深度优先遍历非递归算法

7.3.5 图的广度优先遍历

广度优先搜索/遍历(Breadth-First Search)是指照广度方向搜索,它类似于树的层次遍历,是树的按层次遍历的推广。广度优先搜索的基本思想是:

1. 从图中某个顶点 v_0 出发,首先访问 v_0。
2. 依次访问 v_0 的各个未被访问的邻接点。

3. 分别从这些邻接点(端结点)出发,依次按照广度优先遍历的方式访问它们的各个未被访问的邻接点(新的端结点)。访问时应保证:如果 v_i 和 v_k 为当前端结点,v_i 在 v_k 之前被访问,则 v_i 的所有未被访问的邻接点应在 v_k 的所有未被访问的邻接点之前访问。重复(3),直到所有端结点均没有未被访问的邻接点为止。

按照上述广度优先遍历的基本思想,图的广度优先遍历算法实现如算法 7.3。

```
void BreadthFirstSearch(Graph g,int v0)   /* 广度优先搜索图 g 中 v0 所在的连通子图 */
{
    visit(v0);visited[v0]=True;
    InitQueue(&Q);   /* 初始化空队 */
    EnterQueue(&Q,v0);/* v0 进队 */
    while(! Empty(Q))
    {
        DeleteQueue(&Q,&v);/* 队头元素出队 */
        w=FirstAdj(g,v);/* 求 v 的第一个邻接点 */
        while(w! =-1)
        {
            if(! visited(w))
            {
                visit(w);visited[w]=True;
                EnterQueue(&Q,w);
            }
            w=NextAdj(g,v,w);/* 求 v 相对于 w 的下一个邻接点 */
        }
    }
}
```

算法 7.3 图的广度优先遍历算法

图中每个顶点至多入队列一次,因此外循环次数为 n。当图 G 采用邻接表方式存储时,则当结点 v 出队后,内循环次数等于结点 v 的度。由此,访问所有顶点邻接点的总时间复杂度为 $O(d_0+d_1+d_2+\cdots+d_{n-1})=O(e)$,因此图采用邻接表方式存储,广度优先搜索算法的时间复杂度为 $O(n+e)$;当图 G 采用邻接矩阵方式存储时,由于找每个顶点的邻接点中,内循环次数等于 n,因此广度优先搜索算法的时间复杂度为 $O(n^2)$。

7.3.6 最短路径算法

最短路径算法主要有两种,分别是迪杰斯特拉算法和弗洛伊德算法。其中迪杰斯特拉算法是单源最短路径算法,求的是从某个起点出发到其他所有顶点的最短路径;而弗洛伊德算法是多源最短路径算法,求的是图中任意两个顶点间的最短路径。它们所采用的思想不同,本小节中主要展开介绍的是迪杰斯特拉算法。

当按长度递增的顺序来产生从 v_0 出发的各个顶点的最短路径时,设 S 为已经求得最短路径的终点集合。可以证明:下一条最短路径或者是弧(v_0,v_x),或者是中间经过 S 中的某些顶点而后到达 v_x 的路径,其中 $v_x \in V-S$。

可用反证法:假设下一条最短路径上有一个顶点 v_y 不在 S 中,即此路径为$(v_0,\cdots,v_y,\cdots,v_x)$。显然,$(v_0,\cdots,v_y)$ 的长度小于 $(v_0,\cdots,v_y,\cdots,v_x)$ 的长度,故下一条最短路径应为 $(v_0,\cdots,v_y)$,这与假设的下一条最短路径 $(v_0,\cdots,v_y,\cdots,v_x)$ 相矛盾!因此,下一条最短路径上不可能有不在 S 中的顶点 v_y,即假设不成立。

一般情况下,下一条长度最短的最短路径的长度必是:
$$\text{Dist}[j] = \text{Min}\{\text{dist}[i] \mid v_i \in V-S\}$$

其中,dist[i]或者是弧(v_0,v_i)上的权值,或者是 dist[k]$(v_k \in S)$和弧(v_k,v_i)上的权值之和。可以将图中的顶点分为两组:

S:已求出最短路径的终点集合(开始为{v_0})。

V-S:尚未求出最短路径的顶点集合(开始为 V-{v_0}的全部顶点)。

按最短路径长度的递增顺序逐个将第二组的顶点加入到第一组中。

迪杰斯特拉算法的主要步骤如下:

(1) g 为用邻接矩阵表示的带权图。

S←{v_0},dist[i]=g.arcs[v_0][v_i];

将 v_0 到其余顶点的路径长度初始化为权值。

(2) 选择 v_k,使得 v_k 为目前求得的下一条从 v_0 出发的最短路径的终点。

(3) 修改从 v_0 出发到集合 V-S 上任一顶点 v_i 的最短路径的长度。

如果 dist[k]+g.arcs[k][i]<dist[i] 则将 dist[i]修改为 dist[k]+g.arcs[k][i]。

(4) 重复(2)和(3)$n-1$次,即可按最短路径长度的递增顺序,逐个求出 v_0 到图中其他每个顶点的最短路径。

迪杰斯特拉算法分为 4 个步骤,步骤(1)是进行初始化工作,初始化每一个顶点和起始点 v_0 之间的距离,一共执行 n 次赋值操作;步骤(2)、(3)、(4)形成一个循环,求最短路径的过程是每次往集合 S 中添加一个顶点,直到可达的顶点全部加入为止,所以步骤(2)、(3)共需要执行 $n-1$ 次;步骤(2)遍历 dist 数组,找到新的要加入 S 集合的顶点,时间复杂度为 $O(n)$,而步骤(3)则是利用新加入的顶点,更新 dist 数组,其执行操作的时间复杂度也为 $O(n)$;综合上述分析,迪杰斯特拉算法总的时间复杂度为 $O(n+(n-1)*(O(n)+O(n)))=O(n^2)$。

7.4 实验步骤

1. 构造实验项目,并添加对队列的引用(若在之前实验中未完成,则可以增加一个 Queue.h 用于构造队列),添加 ArcInfoType 类和 VertexInfoType 类,分别表示边和顶点数据结构,添加 ALGraph.h 用于实现图,最后添加 Main.cpp 作为主程序,实现对图结构的应用。

2. 创建图数据结构所对应的类 ALGraph(本参考步骤及代码以邻接表为存储方法)。

3. 定义所涉及类的成员变量和所要实现的基本操作。

4. 分别实现图的如下操作：

（1）CreateGraph（）

（2）DestoryGraph（）

（3）LocateVertex（value）

（4）GetVertex（v）

（5）FirstAdjVertex（v）

（6）NextAdjVertex（v，w）

（7）InsertVertex（u）

（8）DeleteVertex（v）

（9）InsertArc（v，w，value）

（10）DeleteArc（v，w）

（11）DFSTraverse（）

（12）BFSTraverse（）

如上基本操作中，操作（1）～（10）和具体的存储结构相关，而操作（11）～（12）则是在操作（1）～（10）的基础上实现的，和具体存储结构无关。所以在实现时，需要按照这一层次关系分层实现。

5. 设计边和顶点对应的数据类，并实现＝＝的重载。在这里也可以把获取边和顶点类实现成一个纯虚类，仅仅规定必须要实现的一些接口，如获取边的权值 GetWeight（），顶点的比较操作＝＝，等等。在以后使用所定义图结构存储数据时，仅仅需要继承边或顶点接口定义，实现其中函数便可。

6. 编写主函数，实现图构造。实验数据可以用文件存储。

7. 用下列城市数据验证图的深度优先和广度优先遍历操作：

G＝(V，R)，其中

V＝{北京，西安，郑州，徐州，成都，广州，上海}

R＝{(北京，西安，2553)，(北京，郑州，695)，(北京，徐州，704)，(徐州，上海，651)，(郑州，徐州，349)，(西安，郑州，511)，(西安，成都，812)，(成都，广州，2368)，(广州，郑州，1579)，(广州，上海，1385)}

8. 编写最短路径算法。

9. 分别输入不同顶点，求最短路径。

10. 完成实验报告。

7.5 实验程序参考

在本次实验进行图的广度优先遍历过程中，需要用到队列数据结构，可参考队列部分的实现，并加以应用便可。如下程序采用邻接表表示法，邻接矩阵表示法程序类似可构造。同时，本次实验采用面向对象方法和模板技术实现，使得程序的应用更加灵活。

7.5.1 ArcInfoType.h

/***

定义边数据的类型为类 ArcInfoType,这里定义了边上的数据为权值 weight 以及获取权值的函数。该函数在 ALGraph 定义最短路径时将会使用到。如果是自定义的其他数据类型,那么只要继承该类,并重写函数 GetWeight。也可以自定义其他类型,但是在本实验中必须要实现 GetWeight 函数。
**/

```
class ArcInfoType
{
public:
    int weight;    //本实验中用 weight 存储边上的权值
    //定义 GetWeight 操作
    int GetWeight(){return weight;}
};
```

7.5.2 VertexInfoType.h

/***

定义顶点数据的类型,并实现该数据类型的比较函数==重载和 ToString 函数。如果所要存储的顶点信息包含一些其他信息,那么只需要继承 VertexInfoType 类,并重写==、ToString 函数便可。也可以自己定义一个新的类型,但是要求必须实现==和 ToString,这两个函数在 ALGraph 中将会被调用。
**/

```
#include "string"
class VertexInfoType
{
public:
    char key[20];//本实验用 char[20]存储顶点信息
    //重载==操作,用于顶点相等的判断
    bool operator==(VertexInfoType& right)
    {
        if(strcmp(key,right.key)==0)return true;
        else return false;
    }
    //把顶点转换为字符串,方便于输出
    string ToString()
    {
        return key;
    }
};
```

7.5.3 Queue.h

```
/****************************************************************
    队列的实现,包括队列的一些简单操作,主要有:
    构造函数初始化队列:Queue()
    析构函数释放空间:~Queue()
    出队:Status DeQueue(ElemType &data)
    判断队空:bool QueueEmpty()
    入队:Status EnQueue(ElemType data)
    清空队列元素:bool ClearQueue()
****************************************************************/
#define OK 1
#define OVERFLOW -1
#define SUCCESS 1
#define FAIL 0
#define TRUE 1
#define FALSE 0
typedef int Status;
//用模版的方式实现
template<typename ElemType>
class Queue{
    typedef struct QNode
    {
        ElemType data;
        struct QNode * next;
    }QNode, * PQNode;
    PQNode head;
    PQNode tail;
    int length;
    //构造函数,对队列进行初始化
    public:Queue()
    {
        head=NULL;
        length=0;
        tail=NULL;
    }
    ~Queue()
    {
        ClearQueue();
```

```cpp
}
//在线性表的头部删除数据，也就是出队
public:Status DeQueue(ElemType &data)
{
    if(head==NULL)
        return FAIL;
    else
    {
        PQNode p=head;
        data=head->data;
        head=head->next;
        length--;
        if(length==0)tail=NULL;
        delete p;
        return SUCCESS;
    }
}
public:bool QueueEmpty()
{
    if(length)return false;
    else return true;
}
//在线性表的尾部插入数据，也就是入队
public:Status EnQueue(ElemType data)
{
    //建立节点
    PQNode p=new QNode;
    if(p==NULL)
        return OVERFLOW;
    p->data=data;
    p->next=NULL;
    //插入，如果是第一个节点，则尾指针也指向该节点
    if(head==NULL)
    {
        head=p;
        tail=p;
    }
    else
    {
```

```cpp
            tail->next=p;
            tail=p;
        }
        length++;
        return SUCCESS;
    }
    //清空整个线性表
    public:bool ClearQueue()
    {
        PQNode p=head;
        while(p!=NULL)
        {
            head=p->next;
            delete p;
            p=head;
        }
        tail=NULL;
        head=NULL;
        return TRUE;
    }
};
```

7.5.4 ALGraph.h

/**

以下代码实现了图这一数据结构,利用类实现了图的邻接表存储法。

包括图的抽象数据类型中的基本操作,以及迪杰斯特拉算法。

对于图中顶点和边所存储的信息则通过模板的方法在编译时确定,对于顶点,需要实现的有 ToString 操作,以便于在遍历时进行输出,同时需要实现==操作符的重载,以便于在定位具体的节点时使用。

程序需要用到队列(可参考前面实验所构造的队列类,避免重复构造)。

需要注意和教材中的区别:教材中图的构造函数直接实现在 Create 中,这不能灵活地适应不同的输入方法,在本实验例中,采用的是调用图的插入结点和插入边的方式,具有更好的适应能力。

***/

```cpp
#include "iostream"
#include "Queue.h" //这里只要引入之前实现过的队列
using namespace std;
#define MAX_VERTEX_NUM 20
typedef enum{DG,DN,UDG,UDN} GraphKind;
```

```cpp
typedef int VexIndex;
template<typename VertexInfoType,typename ArcInfoType>
class ALGraph{
    //边结构定义,具有相同弧尾的边形成一个链表
    typedef struct ArcNode
    {
        VexIndex adjvex;            //指向该弧顶点的位置
        struct ArcNode * next;      //指向下一条边
        ArcInfoType value;          //边的相关信息
    }ArcNode;
    //顶点结构定义
    typedef struct VNode
    {
        VertexInfoType value;       //顶点的相关信息
        ArcNode * firstarc;         //指向边形成的链表
    }VNode;
    VNode vertices[MAX_VERTEX_NUM+1];    //顶点从第一个开始
    int vexnum,arcnum;              //顶点数和边数
    GraphKind kind;                 //图的类型
public:
    //图的构造函数,该函数在这里相当于是图的初始化操作。
    //设置图的顶点数、边数、类型,并且初始化图的顶点数组。
    bool CreateDN()
    {
        kind=DN;
        vexnum=0;
        arcnum=0;
        for(int k=0;k<=MAX_VERTEX_NUM;k++)
            vertices[k].firstarc=NULL;
        return true;
    }
    //释放所有边占有的空间,主要是释放边顶点所利用的空间
    void DestoryGraph()
    {
        ArcNode * p;
        for(int k=1;k<=vexnum;k++)
        {
            while(vertices[k].firstarc!=NULL)
            {
```

```cpp
            p=vertices[k].firstarc;
            vertices[k].firstarc=p->next;
            delete p;
        }
    }
}
//析构函数,调用destoryGraph释放空间
~ALGraph()
{
    DestoryGraph();
}
//确定值为vexValue的顶点v在图G中的位置。后续的各种边,点操作大都
//以顶点的编号为依据
//若图G中没有顶点v,则函数值为,有则返回顶点索引号。
VexIndex LocateVertex(VertexInfoType vexValue)
{
    for(VexIndex k=1;k<=vexnum;k++)
    {
        if(vexValue==vertices[k].value)
            return k;
    }
    return 0;
}
//取出图G中的第i个顶点的值。
//若i大于图G中顶点数,则函数值为false,成功则返回true。
bool GetVertex(VexIndex i,VertexInfoType& vexValue)
{
    if(i>vexnum || i<1)return false;
    vexValue=vertices[i].value;
    return true;
}
//对G中的顶点i进行赋值.
//若i大于图G中顶点数,则函数值为false,成功则返回true。
bool PutVertex(VexIndex i,VertexInfoType vexValue)
{
    if(i>vexnum || i<1)return false;
    vertices[i].value=vexValue;
    return true;
}
```

//求图 G 中顶点 v 的第一个邻接点。
//若 v 无邻接点或图 G 中无顶点 v,则函数值为"空"。
```
VexIndex FirstAdjVertex(VexIndex v)
{
    if(v>vexnum || v<1)return 0;
    if(vertices[v].firstarc==NULL)return 0;
    return vertices[v].firstarc->adjvex;
}
```
//已知 w 是图 G 中顶点 v 的某个邻接点,求顶点 v 的下一个邻接点(紧跟在 w 后面)。
//若 w 是 v 的最后一个邻接点,则函数值为"空"。
```
VexIndex NextAdjVertex(VexIndex v,VexIndex w)
{
    ArcNode * p;
    p=vertices[v].firstarc;
    while(p!=NULL)
    {
        if(p->adjvex==w && p->next!=NULL)
            return p->next->adjvex;
        else if(p->adjvex==w)
            return 0;
        p=p->next;
    }
    return 0;
}
```
//在图 G 中增加一个顶点,值为 vexValue,返回所插入顶点的索引号。
```
VexIndex InsertVertex(VertexInfoType vexValue)
{
    if(vexnum==MAX_VERTEX_NUM)return 0;//overflow
    vexnum++;
    vertices[vexnum].value=vexValue;
    return vexnum;
}
```
//删除图 G 的顶点 v 及与顶点 v 相关联的弧。图的 index 是用物理位置标示,所以
//删除指定的顶点后,该顶点往后的所有顶点要向前调整,整个图所有顶点的
//index 都需要进行调整。
```
void DeleteVertex(VexIndex v)
{
    if(i>vexnum || i<1)return;
    ArcNode * p, * q, * r;
```

```cpp
//首先释放该定点指向的所有边节点
while(vertices[k].firstarc!=NULL)
{
    p=vertices[k].firstarc;
    vertices[k].firstarc=p->next;
    delete p;
}
for(int k=v;k<vernum;k++)//所有顶点向前移动
    vertices[k]=vertices[k+1];
vertices[vernum].firstarc=NULL;
vexnum--;
for(int k=v;k<vernum;k++)//删除所有指向v的边
    DeleteArc(k,v);
//调整整个图的节点编号
for(int k=1;k<vexnum;k++)
{
    q=NULL;
    p=vertices[k].firstarc;
    while(p!=NULL)
    {
        if(p->adjvex>v)p->adjvex=p->adjvex-1;
        p=p->next;
    }
}
}
//在图G中增加一条从顶点v到顶点w的弧。
void InsertArc(VexIndex v,VexIndex w,ArcInfoType arcValue)
{
    ArcNode *p,*q;
    p=new ArcNode();
    p->value=arcValue;
    p->adjvex=w;
    p->next=NULL;
    if(vertices[v].firstarc==NULL)
        vertices[v].firstarc=p;
    else
    {
        q=vertices[v].firstarc;
        while(q->next!=NULL)q=q->next;
```

```
      q->next=p;
   }
   arcnum++;
}
//删除图 G 中从顶点 v 到顶点 w 的弧。同时假定没有平行边.
//其中 v,w 都是顶点的编号
void DeleteArc(VexIndex v,VexIndex w)
{
   ArcNode* q=vertices[v].firstarc;
   ArcNode* p=vertices[v].firstarc;
   if(p->adjvex==w)
   {
      vertices[v].firstarc=p->next;
      arcnum--;
      delete p;
      return;
   }
   p=p->next;
   while(p!=NULL)
   {
      if(p->adjvex==w)
      {
         q->next=p->next;
         arcnum--;
         delete p;
         return;
      }
      q=p;p=p->next;
   }
}
//获取图中 v 到 w 的弧的值,成功返回真,否则假。
//其中 v,w 都是顶点的编号
bool GetArcValue(VexIndex v,VexIndex w,ArcInfoType &value)
{
   ArcNode* p=vertices[v].firstarc;
   while(p!=NULL)
   {
      if(p->adjvex==w){value=p->value;return true;}
      p=p->next;
```

        }
        return false;
}
//下面两个函数实现深度优先便利操作。DFS采用递归的方法进行深度优先遍历
//所以设置为private,由对外提供服务的DFSTraverse函数调用。
private：
    //visited[]设置为类的私有成员,用于标记遍历过的顶点。
    bool visited[MAX_VERTEX_NUM+1];
    void(*visitFun)(VertexInfoType& vexValue);//指针指向遍历操作的函数
    void DFS(VexIndex v)
    {
        visited[v]=true;
        visitFun(vertices[v].value);
        VexIndex w;
        for(w=FirstAdjVertex(v);w>0;w=NextAdjVertex(v,w))
            if(! visited[w])DFS(w);
    }
public：
    //该函数外部可见。
    void DFSTraverse(void(*visit)(VertexInfoType& vexValue))
    {
        visitFun=visit;
        for(VexIndex k=0;k<=MAX_VERTEX_NUM;k++)visited[k]=false;
        for(VexIndex k=1;k<=vexnum;k++)
            if(! visited[k])DFS(k);
    }
    //下面函数实现广度优先遍历操作。visit为遍历操作函数
    void BFSTraverse(void(*visit)(VertexInfoType& vexValue))
    {
        VexIndex v,u,w;
        Queue<VexIndex>q;
        //初始化访问标志
        for(VexIndex k=0;k<=MAX_VERTEX_NUM;k++)visited[k]=false;
        for(VexIndex v=1;v<=vexnum;v++)
            if(! visited[v])
            {
                visited[v]=true;
                visit(vertices[v].value);   // 访问v
                q.EnQueue(v);   // v入队列

```cpp
            while(! q.QueueEmpty())
            {
                q.DeQueue(u);
                // 队头元素出队并置为 u
                for(VexIndex w=FirstAdjVertex(u);w>0;
                    w=NextAdjVertex(u,w))
                    if(! visited[w])
                    {
                        visited[w]=true;visit(vertices[w].value);
                        q.EnQueue(w);// 访问的顶点 w 入队列
                    }// if
            } // while
        }//endif
}
//求最短路径,需要假定 VertexInfoType 是整形,否则获取弧上的值无法用
//同时假定没有负数,因为我们用－1 表示两个顶点没有路径
//该操作输入 startPoint 为起始顶点
void ShortestPath_DIJ(VertexInfoType startPoint)
{
    bool p[MAX_VERTEX_NUM+1][MAX_VERTEX_NUM+1];
    int d[MAX_VERTEX_NUM+1];
    bool final[MAX_VERTEX_NUM+1];
    ArcInfoType arcvalue;
    VexIndex v0=LocateVertex(startPoint);
    VexIndex v;
    int min;
    for(v=0;v<=MAX_VERTEX_NUM;v++)
    {
        final[v]=false;
        if(GetArcValue(v0,v,arcvalue))d[v]=arcvalue.GetWeight();
        else d[v]=-1;
        for(VexIndex w=0;w<=MAX_VERTEX_NUM;w++)p[v][w]=false;
        if(d[v]==-1){p[v][v0]=true;p[v][v]=true;}
    }
    d[v0]=0;final[v0]=true;
    for(VexIndex i=1;i<=vexnum;i++)
    {
        min=-1;
        for(VexIndex w=1;w<=vexnum;w++)
```

```
      if(!final[w])
        //由于我们用-1表示无穷大,所以这里分-1和非-1情况
        if((min!=-1&&d[w]!=-1&&d[w]<min)
          ||(min==-1&&d[w]>0))
          {v=w;min=d[w];}
    final[v]=true;
    p[v][v]=true;
    for(VexIndex w=1;w<=vexnum;w++)
      if(!final[w])
      {
        if(min==-1)
        {}   //表示再也找不到可连接的顶点了
        else if(!GetArcValue(v,w,arcvalue))
        {}//表示v,w之间没有直接边相关联
        else if(min+arcvalue.GetWeight()<d[w]||d[w]==-1)
        //存在关联的情况下,需要更新d[w]值
        {
          d[w]=min+arcvalue.GetWeight();
          for(VexIndex k=0;k<=vexnum;k++)
            p[w][k]=p[v][k];
          p[w][w]=true;
        }
      }
  }
  //下列程序实现结果的打印输出
  for(VexIndex w=1;w<=vexnum;w++)
  {
    VertexInfoType vexValue;
    GetVertex(w,vexValue);
    cout<<"从"<<startPoint.ToString()<<"到"
      <<vexValue.ToString()<<"的最短路径值为"<<d[w]<<endl;
    cout<<"该路径经过:";
    for(VexIndex v=1;v<=vexnum;v++)
      if(p[w][v])
      {
        GetVertex(v,vexValue);
        cout<<vexValue.ToString()<<" ";
      }
    cout<<endl;
```

        }
    }
};

7.5.5 Main.cpp

/***
以下代码实现了图这一数据结构的一些简单应用。该程序从文件中读入图数据,并且通过调用ALGraph的添加顶点,添加边的方式实现构造图。

顶点和边上存储的数据类型分别为VertexInfoType,ArcInfoType。分别定义在VertexInfoType.h 和 ArcInfoType.h 中。
***/

```cpp
#include "stdafx.h"
#include "stdio.h"
#include "ALGraph.h"
#include "string"
#include "VertexInfoType.h"
#include "ArcInfoType.h"
void visit(VertexInfoType& value)
{
    printf("%s\n",value.key);
}
int main()
{
    ALGraph<VertexInfoType,ArcInfoType>G;
    G.CreateDN();
    VertexInfoType vexValue;
    int vexnum,arcnum;
    //打开文件
    FILE *f=fopen("exam.txt","r");
    if(f==NULL)return false;
    //读入图的节点和边数
    fscanf(f,"%d %d\n",&vexnum,&arcnum);
    //读入每一个节点信息
    for(int k=1;k<=vexnum;k++)
    {
        fscanf(f,"%s",vexValue.key);
        G.InsertVertex(vexValue);
    }
    VertexInfoType from,to;
```

```
ArcInfoType arcValue;
for(int k=1;k<=arcnum;k++)
{
    fscanf(f,"%s %s %d\n",from.key,to.key,&arcValue.weight);
    //交通是双向的,所以我们用有向图表示需要添加两个方向的边
    G.InsertArc(G.LocateVertex(from),G.LocateVertex(to),arcValue);
    G.InsertArc(G.LocateVertex(to),G.LocateVertex(from),arcValue);
}
//关闭文件
fclose(f);
printf("DFS:\n");
G.DFSTraverse(visit);
printf("BFS:\n");
G.BFSTraverse(visit);
VertexInfoType startPoint;
printf("请输入起点城市:");
scanf("%s",startPoint.key);
G.ShortestPath_DIJ(startPoint);
return 0;
}
```

7.5.6 输入文件

本实验中图的输入采用的是文件的方式,该算法输入文件格式为:第一行两个整数,分别表示文件中的顶点和边的数量,从第二行开始,每一行表示一个顶点,直到所有顶点完成。之后是图中的边,每条边用一行存储,边由三部分组成,分别是起点、终点和边上数据。

如下是一个文件实例:
7 10
北京
西安
郑州
徐州
成都
广州
上海
北京 西安 2553
北京 郑州 695
北京 徐州 704
徐州 上海 651

郑州 徐州 349
西安 郑州 511
西安 成都 812
成都 广州 2368
广州 郑州 1579
广州 上海 1385

7.5.7 运行截图

利用上述参考程序,并以 6.5.6 中的数据作为输入,运行程序,可以得到图的深度和广度优先遍历结果,再以"北京"为起点,得到北京到所有其他城市的最短路径,其运行结果如图 7.3 所示。

图 7.3　图算法运行结果截图

7.6 常见问题及思考

1. 在本实验指导中,图部分的参考程序定义了一个固定大小的节点数组,很明显的,这种固定存储数组的方法很难适应不同的存储需求。当存储的图具有很少的顶点时,会浪费部分内存空间;而在存储较大的图时,需要调整 MAX_VERTEX_NUM 以适应具体需求。那么如何设计其存储结构来解决这一问题?

提示:可以利用可变大小存储空间。

2. 在本实验中,为了输入边数据,采用的格式是"顶点 顶点 边",而在实际的应用中,顶点信息通常包括很多的数据,这种实现方法大大增加了信息的重复输入。通常情况下的解决方法是为顶点信息设置一个关键值,该关键值能够唯一对应一个顶点,如此,在输入边的时候,需要的输入方式为"顶点关键值 顶点关键值 边"。显然,这种方式大大节省了输入数据的重复量。那么进行这样的修改后,需要如何对程序进行修改,以适应这里的需求。

提示:可以在相等操作==的重载中进行重新定义,使关键值能唯一标识顶点。

7.7 实验扩展

对于图而言,除了本实验中所涉及的算法,还有计算图的连通性问题、计算图的最小生成树问题、计算图的拓扑排序问题、计算图的关键路径问题,等等。有兴趣的同学,可以在本次实验的基础上选做。

第 8 章 查找与排序

查找是指根据给定的关键字值,在特定的数据元素列表中确定一个关键字与给定关键字值相同的数据元素,并返回该数据元素在列表中的位置的操作。

排序是指,对包含有 n 个记录的序列$\{R_1,R_2,\cdots,R_n\}$(其相应关键字的序列是$\{K_1,K_2,\cdots,K_n\}$)进行操作,使得到的记录序列$\{R_{p1},R_{p2},\cdots,R_{pn}\}$,其关键字满足如下的非递减(或非递增)关系,即:$K_{p1}\leqslant K_{p2}\leqslant\cdots\leqslant K_{pn}$(或 $K_{p1}\geqslant K_{p2}\geqslant\cdots\geqslant K_{pn}$)。

在计算机的所有操作中,查找和排序是两种最重要的操作,其应用极其广泛。例如,操作系统中进行文件的查找,数据库中数据的查找和排序等。因此,查找和排序操作效率的高低对程序的效率和计算机的应用起到至关重要的作用。

本实验针对常用的一些查找和排序算法进行分析和实现,通过利用自动数据生成工具生成大批量的数据,用以检验各种排序算法的效率。并在原数据和排序后的数据上进行查找操作,对比了解各种查找算法的效率。数据生成程序和排序结果检查程序见附录三和附录四。

8.1 实验目的

1. 掌握直接插入排序方法,并能够熟练应用;
2. 掌握快速排序算法,并能够熟练应用;
3. 掌握堆排序算法,并能够熟练应用。
4. 掌握顺序查找算法,并能够熟练应用。
5. 掌握二分查找算法,并能够熟练应用。
6. 学习二进制文件数据的读写操作。
7. 了解多线程程序设计对算法效率的影响。

8.2 实验内容及要求

8.2.1 实验内容

1. 实现直接插入排序算法,并对不同的数据集加以排序操作,记录排序时间。
2. 实现快速排序算法,并对不同的数据集加以排序操作,记录排序时间。
3. 实现堆排序算法,并对不同的数据集加以排序操作,记录排序时间。
4. 实现顺序查找算法,并在不同的数据集中进行查找操作。
5. 实现二分查找算法,并在不同的数据集中进行查找操作,对比不同算法的效率。
6. 另:实验中所需的数据生成程序和排序结果验证程序再分别在附录三和附录四中提

供,可自行输入、调试编译生成可执行文件。

8.2.2 实验要求

1. 提前预习查找、排序部分的算法及其实现,通过理论分析算法的时间复杂度,对比各种方法的优缺点,了解各种方法的时间和空间复杂度。
2. 提前预习二进制文件的读写操作。
3. 编写完整的程序完成实验内容,并上机调试和运行。
4. 利用生成的数据对各种排序和查找算法进行多次运行测试,收集所得数据,并完成表8.1。

表8.1 各种排序和查找算法的运行时间汇总

(单位:毫秒)

数据量	1,000	10,000	100,000
直接插入排序(时间要求三次平均值)			
快速排序(时间要求三次平均值)			
堆排序(时间要求三次平均值)			
顺序查找1			
顺序查找2			
顺序查找3			
顺序查找4			
顺序查找5			
顺序查找平均时间			
二分查找1			
二分查找2			
二分查找3			
二分查找4			
二分查找5			
二分查找平均时间			

对于顺序查找和二分查找,查找过程所花时间和具体查找元素紧密相关,例如查找的是第一个元素,那么顺序查找会优于二分查找法。因此,本实验要求在数据文件的前、中、后不同位置分别选取所要查找的元素,并且所选取的查找关键字个数可以不限于上表所要求的5个。

5. 整理并上交实验报告。
6. 本次实验要求在6学时内完成。

8.3 知识点提示

8.3.1 直接插入排序

插入排序的基本思想:把元素分为有序序列的和待排序序列两部分,每次在待排序序列中取出一个元素插入到有序序列的恰当位置,形成更大的有序序列,依次执行,直到将所有待排序序列元素全部插入有序序列为止。

直接插入排序是一种最基本的插入排序方法。其基本操作是将第 i 个记录插入前面 $i-1$ 个已排好序的记录中,具体过程为:将第 i 个记录的关键字 K_i 顺次与其前面记录的关键字 $K_{i-1}, K_{i-2}, \cdots, K_1$ 进行比较,将所有关键字大于 K_i 的记录依次向后移动一个位置,直到遇见一个关键字小于或者等于 K_i 的记录 K_j,此时 K_j 后面必为空位置,将第 i 个记录插入空位置即可。完整的直接插入排序是从 $i=2$ 开始的,也就是说,将第 1 个记录视为已排好序的单元素子序列,然后将第 2 个记录插入单元素子集合中。i 从 2 循环到 n,即可实现完整的直接插入排序。完整的直接插入排序如算法 8.1。

```
void InsSort(RecordType r[],int length)
/*对记录数组 r 做直接插入排序,length 为数组的长度*/
{
    for(i=2;i<length;i++)
    {
        r[0]=r[i];j=i-1;        /*将待插入记录存放到变量 x 中*/
        while(x.key<r[j].key)   /*寻找插入位置*/
        {
            r[j+1]=r[j];j=j-1;
        }
        r[j+1]=r[0];            /*将待插入记录插入已排序的序列中*/
    }
}/* InsSort */
```

算法 8.1 直接插入排序

直接插入排序的执行时间耗费取决于数据元素的个数以及数据元素的分布情况。若待排序序列已经是有序序列,算法中的 while 循环总是不执行,这是该算法的最好情况,其最好情况下的时间复杂度为 $O(n)$。若待排序序列是所要求顺序的逆序,那么 while 循环每次都需要把有序的 i 个元素都向后移动,这是该算法的最坏情况,其最坏情况下的元素移动次数约为 $n^2/2$,所以其时间复杂度为 $O(n^2)$。一般情况下,假设待排序记录是随机的,即待排序记录可能出现的各种排列的概率相同,则可以取上述最小值和最大值的平均值,约为 $n^2/4$。因此,直接插入排序的时间复杂度为 $T(n)=O(n^2)$。在排序的过程中,利用 $r[0]$ 作为监视哨,其他并没有使用更多额外空间,所以其空间复杂度为 $S(n)=O(1)$。

8.3.2 快速排序

快速排序的基本思想是,以记录中某一个元素 a 为基准,使得一趟排序后的结果满足:元素 a 之后记录的关键字均不小于记录 a,同时使其之前元素的关键字均不大于记录 a。一趟排序后,元素 a 把待排序序列分成两个部分,这时只需要对前后两个部分再用相同的方法进行排序便可。完整的快速排序算法如算法 8.2。

```
void QKSort(RecordType r[],int low,int high)
/*对记录数组 r[low..high]用快速排序算法进行排序*/
{
    if(low<high)
    {
        pos=QKPass(r,low,high);
        QKSort(r,low,pos-1);
        QKSort(r,pos+1,high);
    }
}
```

算法 8.2(a)　快速排序算法

```
int QKPass(RecordType r[],int left,int right)
/*对记录数组 r 中的 r[left]至 r[right]部分进行一趟排序,并得到基准的位置,使得
排序后的结果满足其之后(前)的记录的关键字均不小于(大于)基准记录*/
{
    x=r[left];                    /*选择基准记录*/
    low=left;high=right;
    while(low<high)
    {
        while(low<high && r[high].key>=x.key)   /* high 从右到左找小于 x.key 的记录*/
            high--;
        if(low<high) {r[low]=r[high];low++;}
        while(low<high && r[low].key<x.key)     /* low 从左到右找大于 x.key 的记录*/
            low++;
        if(low<high) {r[high]=r[low];high--;}   /*找到大于 x.key 的记录,交换*/
    }
    r[low]=x;                     /*将基准记录保存到 low=high 的位置*/
    return low;                   /*返回基准记录的位置*/
}/* QKPass */
```

算法 8.2(b)　一趟快速排序

快速排序所需时间的平均值为 $T_{arg}(n) \leqslant Kn\ln(n)$,这是目前内部排序方法中所能达到的最好平均时间复杂度。但是,若初始记录序列的关键字有序或基本有序时,快速排序将蜕

变为冒泡排序,其时间复杂度为 $O(n^2)$。

8.3.3 堆排序

在树形选择排序中,被选中的关键字都是走了一条由叶子结点到根结点的比较过程。由于含有 n 个叶子结点的完全二叉树的深度为 $[\log_2 n]+1$,则在树形选择排序中,每选择一个关键字需要进行 $[\log_2 n]$ 次比较,因此其时间复杂度为 $O(n\log_2 n)$。移动记录次数不超过比较次数,故总的算法时间复杂度为 $O(n\log_2 n)$。与简单选择排序相比,树形选择排序降低了比较次数的数量级,增加了 $n-1$ 个额外的存储空间来存放中间比较结果,同时附加了与 ∞ 进行比较的时间耗费。为了弥补以上不足,威洛母斯在 1964 年提出了进一步的改进方法,即另外一种形式的选择排序方法——堆排序。

堆排序充分利用了原有的存储空间,当找到最大元素后,把该元素放置在待排序元素后,同时调整剩余元素,使之重新成为一个堆。因此堆排序的过程主要包含两个问题:①按堆定义建初堆;②去掉最大元之后重建堆,得到次大元。其中建初堆的过程实际上就是从 $n/2$ 位置向前不断进行堆的筛选的过程。理解了这些问题后,就可以得到堆排序算法了,堆排序算法由三个部分组成,分别是筛选算法、建堆算法、堆排序算法三个部分,它们分别如算法 8.3、算法 8.4 和算法 8.5 所描述。

```
void sift(RecordType r[],int k,int m)
//假设 r[k…m]是以 r[k]为根的完全二叉树,且分别以 r[2k]和 r[2k+1]为根的
//左、右子树为大根堆,调整 r[k],使整个序列 r[k…m]满足堆的性质
{
  t=r[k];        /*暂存"根"记录 r[k]*/
  x=r[k].key;
  i=k;
  j=2*I;
  finished=FALSE;
  while(j<=m &&! finished)
  {
    if(j<m && r[j].key<r[j+1].key) j=j+1
    /*若存在右子树,且右子树根的关键字大,则沿右分支"筛选"*/
      if(x>=r[j].key) finished=TRUE;      /*筛选完毕*/
      else
       {
         R[i]=r[j];
         i=j;
         j=2*i;
       }    /*继续筛选*/
  }
  R[i]=t;  /* r[k]填入到恰当的位置*/
}  /* end of sift */
```

算法 8.3 堆元素的筛选操作

```
void createHeap(RecordType r[],int length)
/* 对记录数组 r 建堆,length 为数组的长度 */
{
  n=length;
  for(i=n/2;i>=1;--i)      /* 自第[n/2]个记录开始进行筛选建堆 */
    sift(r,i,n);
}
```

算法 8.4　建堆算法

堆排序的算法如下:

```
void HeapSort(RecordType r[],int length)
/* 对 r[1…n]进行堆排序,执行本算法后,r 中记录按关键字由大到小有序排列 */
{
  createHeap(r,length);
  n=length;
  for(i=n;i>=2;--i)
  {
    b=r[1];           /* 将堆顶记录和堆中的最后一个记录互换 */
    r[1]=r[i];
    r[i]=b;
    sift(r,1,i-1);    /* 进行调整,使 r[1..i-1]变成堆 */
  }
}/* HeapSort */
```

算法 8.5　堆排序算法

堆排序分为建堆和排序两个步骤,建堆是由 n/2 次筛选实现,而排序则是由 n 次筛选实现,所以,堆排序总共需要的筛选次数为 1.5n。每次筛选需要进行的赋值操作最多为 $[\log_2 n]+1$,所以,整个堆排序算法执行的时间复杂度为 $O(n\log_2 n)$。

8.3.4 顺序查找

顺序查找法的特点是,用所给关键字与线性表中各元素的关键字逐个比较,直到成功或失败。存储结构通常为顺序结构,也可为链式结构。其算法描述如算法 8.6。

```
int SeqSearch(RecordList l,KeyType k)
/* 在顺序表 l 中顺序查找其关键字等于 k 的元素,若找到,则函数值为该元素在表中
的位置,否则为 0 */
{ l.r[0].key=k;i=l.length;
  while(l.r[i].key!=k)i--;
  return(i);
}
```

算法 8.6　顺序查找

顺序查找算法的思想简单，易于实现，其时间复杂度与元素个数和所查找元素在表中的具体位置相关。最好情况下，算法执行需要实现的比较次数为 1，也就是所要查找的记录在表的最后一个位置；与之对应，最坏情况下算法执行需要实现的比较次数为 n，也就是所要查找的记录在表的第一个位置。对于一般情况，可以假设所要查找的元素在 $1\cdots n$ 位置出现的概率相同，其比较次数为 $\frac{1}{n}\sum_{i=1}^{n} i = \frac{n+1}{2}$，算法执行的时间复杂度为 O(n)。

8.3.5 二分查找

折半查找法又称为二分查找法，这种方法要求待查找的列表必须是按关键字大小有序排列的顺序表。其基本过程是：将表中间位置记录的关键字与查找关键字比较，如果两者相等，则查找成功；否则利用中间位置记录将表分成前、后两个子表，如果中间位置记录的关键字大于查找关键字，则进一步查找前一子表，否则进一步查找后一子表。重复以上过程，直到找到满足条件的记录，使查找成功，或直到子表不存在为止，此时查找不成功。按照二分查找法的思想，可以设计其实现算法如算法 8.7。

```
int BinSrch(SqList l,KeyType k)
/* 在有序表 l 中折半查找其关键字等于 k 的元素，若找到，则函数值为该元素在表中的位置 */
{
    low=1;high=l.length;   /* 置区间初值 */
    while(low<=high)
    {
    mid=(low+high)/2;
        if(k==l.r[mid].key)return(mid);   /* 找到待查元素 */
        else if(k<l.r[mid].key)   high=mid-1;
                        /* 未找到，则继续在前半区间进行查找 */
        else low=mid+1;   /* 继续在后半区间进行查找 */
    }
    return(0);
}
```

算法 8.7　二分查找算法

由于判定树的叶子结点所在层次之差最多为 1，故 n 个结点的判定树的深度与 n 个结点的完全二叉树的深度相等，均为 $[\log_2 n]+1$。这样，折半查找成功时，关键字比较次数最多不超过 $[\log_2 n]+1$。相应地，折半查找失败时的过程对应判定树中从根结点到某个含空指针的结点的路径，因此，折半查找成功时，关键字比较次数最多也不超过判定树的深度 $[\log_2 n]+1$。与顺序查找相比，二分查找的效率有了很大的提高，但要求所查找的元素序列是有序的，对于无序的情况则无能为力。

8.4 实验步骤

1. 输入、调试附录三的数据自动生成程序,附录四的排序结果检查程序。
2. 分别用程序自动生成不少于 10000、100000、1000000 个数据,并存储在文件中。
3. 实现直接插入排序算法,先对少量数据进行排序,并用验证程序验证结果的正确性。
4. 利用直接插入排序实现三组数据的排序操作,并记录排序需要的平均时间。
5. 实现快速排序算法,先对少量数据进行排序,并用验证程序验证结果的正确性。
6. 利用快速排序实现三组数据的排序操作,并记录排序需要的平均时间。
7. 实现堆排序算法,先对少量数据进行排序,并用验证程序验证结果的正确性。
8. 利用堆排序实现三组数据的排序操作,并记录排序需要的平均时间。
9. 实现顺序查找算法,并在不同的数据集中进行查找操作,记录查找时间。
10. 实现二分查找算法,并在不同的数据集中进行查找操作,记录查找时间。
11. 对上述实验所得数据进行收集,并填写表 8.2。

表 8.2 各种查找与排序的运行时间汇总

单位:毫秒

数据量	1,000	10,000	100,000
直接插入排序(时间要求三次平均值)			
快速排序(时间要求三次平均值)			
堆排序(时间要求三次平均值)			
顺序查找 1			
顺序查找 2			
顺序查找 3			
顺序查找 4			
顺序查找 5			
顺序查找平均时间			
二分查找 1			
二分查找 2			
二分查找 3			
二分查找 4			
二分查找 5			
二分查找平均时间			

12. 完成实验并撰写实验报告。

8.5 实验程序参考

本章实验程序分为排序部分和查找部分，分别组成可执行文件，各放在一个文件中加以存储。在具体测试排序和查找算法的效率时，可以在命令方式下直接运行可执行文件，以便获得更加准确的数据。

8.5.1 SortApp.cpp

```
/*******************************************************************/
//该文件实现排序主程序
//输入方式要求 sortType sourcefilename destinyfilename
//sortType 可以是 IS,QS,HS,分别表示直接插入排序,快速排序,堆排序
//sourcefilename 表示要排序数据所在的文件名
//destinyfilename 表示排序结果存放的文件名
/*******************************************************************/
#include <string.h>
#include <stdio.h>
#include <time.h>
/*******************************************************************/
* 待排序记录:关键字:10 bytes,序列号:10 bytes,数据  80 bytes        *
/*******************************************************************/
struct record
{
    char sortkey[10];
    char recnum[10];
    char txtfld[80];
};
const int RecordSize=100;        //100 bytes
char * sourceFileName, * destinyFileName;
char * sortType;
/*******************************************************************/
//InsertSort 是直接插入排序
/*******************************************************************/
void InsertSort(record * arr,long length)
/* 对记录数组 r 做直接插入排序,length 为记录数量 */
{
    //printf("start IS;\n");
    long i;
    long j;
```

```c
for(i=2;i<=length;i++)
{
    arr[0]=arr[i];   /*将待插入记录存放到数组第0个位置,作为临时存储*/
    j=i-1;
      /*寻找插入位置*/
    while(strnicmp((char*)&arr[0],(char*)&arr[j],RecordSize)<0)
    {
        arr[j+1]=arr[j];
        j=j-1;
    }
    arr[j+1]=arr[0];   /*将待插入记录插入到已排序的序列中*/
}
}
/****************************************************************/
//QuickSort是快速排序,该排序由两个函数组成,Partition和QuickSort
/****************************************************************/
long Partition(record * data,long Low,long High)
{
    record pivotkey;
    pivotkey=data[Low];
    while(Low<High)
    {
        while((Low<High) && strnicmp((char*)&data[High],
                            (char*)&pivotkey,RecordSize)>=0)
            High--;
        data[Low]=data[High];
        while((Low<High) && strnicmp((char*)&data[Low],
            (char*)&pivotkey,RecordSize)<=0)
            Low++;
        data[High]=data[Low];
    }
    data[Low]=pivotkey;
    return Low;
}
void QuickSort(record * data,long Low,long High)
{
    int mid;
    if(Low>=High)return;
    else
```

```
    {
        mid=Partition(data,Low,High);
        QuickSort(data,Low,mid-1);
        QuickSort(data,mid+1,High);
    }
}
```
/**/
//HeapSort 是堆排序
/**/
//"筛选"算法如下：
```
void sift(record * r,long k,long m)
/* 假设 r[k..m]是以 r[k]为根的完全二叉树,且分别以 r[2k]和 r[2k+1]为根的
左、右子树为大根堆,调整 r[k],使整个序列 r[k..m]满足堆的性质 */
{
    record t;
    t=r[k];        /* 暂存"根"记录 r[k] */
    long i=k;
    long j=2*i;
    bool finished=false;
    while(j<=m &&! finished)
    {
        /* 若存在右子树,且右子树根的关键字大,则沿右分支"筛选" */
        if(j<m
            && strnicmp((char *)&r[j],(char *)&r[j+1],RecordSize)<0)
            j=j+1;
        if(strnicmp((char *)&t,(char *)&r[j],RecordSize)>=0)
            finished=true;     /* 筛选完毕 */
        else
        {
            r[i]=r[j];
            i=j;
            j=2*i;
        }    /* 继续筛选 */
    }
    r[i]=t;        /* r[k]填入到恰当的位置 */
}    /* sift */
```
//建堆算法如下：
```
void createHeap(record * r,long length)
/* 对记录数组 r 建堆,length 为数组的长度 */
```

```
{
  long n=length;
  for(long i=n/2;i>=1;i--)      /*自第[n/2]个记录开始进行筛选建堆*/
    sift(r,i,n);
}
//堆排序的算法如下:
void HeapSort(record *r,long length)
/*对r[1..n]进行堆排序,执行本算法后,r中记录按关键字由大到小有序排列*/
{
  createHeap(r,length);
  long n=length;
  record b;
  for(long i=n;i>=2;i--)
  {
    b=r[1];          /*将堆顶记录和堆中的最后一个记录互换*/
    r[1]=r[i];
    r[i]=b;
    sift(r,1,i-1);    /*进行调整,使r[1..i-1]变成堆*/
  }
} /*HeapSort*/
/****************************************************************/
//main 函数
/****************************************************************/
int main(int argc,char *argv[])
{
  clock_t start,finish;
  start=clock();
  if(argc<4)
  {
    printf("程序应用参数错误,输入格式为:\n");
    printf("SortProj.exe 排序类型 源文件名 目标文件名\n");
    printf("排序类型可以是 e   \"IS\"(InsertSort)\n");
    printf("                  \"QS\"(QuickSort)\n");
    printf("                  \"HS\"(HeapSort)\n");
    return 1;
  }
  sortType=argv[1];
  sourceFileName=argv[2];
  destinyFileName=argv[3];
```

```
//打开文件分别用于读出原始数据,以及存储排序结果
FILE * fin=fopen(sourceFileName,"rb");
FILE * fout=fopen(destinyFileName,"wb");
//获取文件长度
fseek(fin,0,SEEK_END);
__int64 lFileLen=_ftelli64(fin);
rewind(fin);
//申请数据空间
record * m_pData=(record *)new char[lFileLen+RecordSize];
__int64 recordCount=lFileLen/RecordSize;
fread((char *)(m_pData+1),RecordSize,recordCount,fin);
//关闭文件
fclose(fin);
if(strcmp(sortType,"IS")==0)
{
    printf("sort with IS\n");
    InsertSort(m_pData,recordCount);
}
else if(strcmp(sortType,"QS")==0)
    QuickSort(m_pData,1,recordCount);
else if(strcmp(sortType,"HS")==0)
    HeapSort(m_pData,recordCount);
else
    {printf("错误的排序类型,排序类型必须是 IS 或 QS 或 HS.");}
//把结果写入到结果文件
fwrite(m_pData+1,RecordSize,recordCount,fout);
fclose(fout);
finish=clock();
//输出排序时间
printf("start time:%ld(ms)\n",start);
printf("start time:%ld(ms)\n",finish);
printf("run time:%ld(ms)\n",finish-start+1);
return 0;
}
```

8.5.2 排序运行截图

利用附录三中提供的代码,编译完成后可以自动生成指定数量的记录元素,并存储到文件中。利用本实验所实现的程序,对数据进行排序操作,最后利用排序结果检查工具检查排序结果,在运行正确的情况下可以得到如图 8.1 的运行截图。

```
E:\SortAndSearch>SortProj.exe HS 10000.txt 10000-hs.txt
start time: 0 (ms)
start time: 43 (ms)
run time: 44 (ms)

E:\SortAndSearch>SortProj.exe QS 10000.txt 10000-hs.txt
start time: 0 (ms)
start time: 33 (ms)
run time: 34 (ms)

E:\SortAndSearch>SortProj.exe IS 10000.txt 10000-hs.txt
sort with IS
start time: 0 (ms)
start time: 1497 (ms)
run time: 1498 (ms)

E:\SortAndSearch>
```

图 8.1　排序运行截图

8.5.3 SearchApp.cpp

```
/******************************************************************/
//该文件实现排序主程序
//输入方式要求 searchType sourcefilename keyfilename
//searchType 可以使 Seq,也可以使 Bin,分别表示顺序查找和二分查找
//sourcefilename 表示要数据所在的文件名
//keyfilename 是要查找的关键字存放的文件
/******************************************************************/
#include "stdafx.h"
#include <string.h>
#include <stdio.h>
#include <time.h>
struct record
{
    char sortkey[10];
    char recnum[10];
    char txtfld[80];
};
const int RecordSize    =100;                                    //100 bytes
/******************************************************************/
//顺序查找函数
/******************************************************************/
int SeqSearch(record * data,record key,long length)
    /* 在顺序表 l 中顺序查找其关键字等于 k 的元素,若找到,则函数值为该元素在表中
的位置,否则为 0 */
```

```
{
    data[0]=key;          //data[0]用作哨兵
    long i=length;
    while(strnicmp((char*)&key,(char*)&data[i],RecordSize)!=0)i--;
    return i;
}
/***************************************************************/
//二分查找函数
/***************************************************************/
int BinSrch(record * data,record key,long length)
/*在有序表l中折半查找其关键字等于k的元素,若找到,则函数值为该元素在表中
的位置*/
{
    long low=1;
    long high=length;       /*置区间初值*/
    long mid=0;
    while(low<=high)
    {
        mid=(low+high)/2;
        int compareResult
            =strnicmp((char*)&key,(char*)&data[mid],RecordSize);
        if(compareResult==0)return(mid);      /*找到待查元素*/
        else if(compareResult<0)
            high=mid-1;               /*未找到,继续在前半区间进行查找*/
        else low=mid+1;               /*继续在后半区间进行查找*/
    }
    return 0;
}
/***************************************************************/
//main 函数
/***************************************************************/
int main(int argc,char * argv[])
{
    char * sourceFileName, * keyFileName;
    char * SearchType;
    __int64 RecordCount;
    clock_t start,finish;
    start=clock();
    if(argc<3)
```

```c
    {
        printf("输入参数错误。该程序应用命令格式为:SearchProj.exe 查找类型 数据文件名 关键字文件\n");
        printf("查找类型可以是:Seq,Bin\n");
        return 1;
    }
    SearchType=argv[1];
    sourceFileName=argv[2];
    keyFileName=argv[3];
    //以二进制方式打开所要查找的目标文件
    FILE * fin=fopen(sourceFileName,"rb");
    //获取文件长度
    fseek(fin,0,SEEK_END);
    long lFileLen=ftell(fin);
    rewind(fin);
    //申请空间,并且读出文件数据
    RecordCount=lFileLen/RecordSize;
    record * m_pData=new record[RecordCount+1];
    fread(m_pData+1,RecordSize,RecordCount,fin);
    //关闭文件
    fclose(fin);
    //打开查找的关键字文件
    FILE * fkey=fopen(keyFileName,"rb");
    //获取文件长度
    fseek(fkey,0,SEEK_END);
    long kFileLen=ftell(fkey);
    rewind(fkey);
    //读出数据
    int KeyCount=kFileLen/RecordSize;
    record * m_keys=new record[KeyCount];
    fread(m_keys,RecordSize,KeyCount,fkey);
    //关闭文件
    fclose(fkey);
    int result=0;
    //分别对顺序查找和二分查找进行判断,并调用不同的函数进行处理
    if(strcmp(SearchType,"Seq")==0)
        for(int k=0;k<KeyCount;k++)
        {
            result=SeqSearch(m_pData,m_keys[k],RecordCount);
            if(result)printf("find the key in no %d\n",result-1);
```

```
        else printf("no exist\n");
    }
  else if(strcmp(SearchType,"Bin")==0)
    for(int k=0;k<KeyCount;k++)
    {
        result=BinSrch(m_pData,m_keys[k],RecordCount);
        if(result)printf("find the key in no %d\n",result-1);
        else printf("no exist\n");
    }
  else
    {printf("错误的查找类型,查找类型必须是 Seq 或 Bin.");return 1;}
  finish=clock();
  //打印查找时间
  printf("start time:%ld(ms)\n",start);
  printf("start time:%ld(ms)\n",finish);
  printf("total run time:%ld(ms)\n",finish-start+1);
  return 0;
}
```

8.5.4 查找运行截图

从源数据文件中抽取若干个元素,并存储到待查找文件中。在运行时,通过指定查找的方法以及目标文件进行查找操作。图 8.2 是在 10000result.txt 中利用顺序查找法查找 keys.txt 中关键字得到的运行截图。

```
E:\SortAndSearch>SearchProj.exe
输入参数错误。该程序应用命令格式为：SearchProj.exe 查找类型 数据文件名 关键字文件
查找类型可以是：Seq, Bin

E:\SortAndSearch>SearchProj.exe  Seq 10000-hs.txt keys.txt
find the key in no 1211
find the key in no 2002
find the key in no 5762
find the key in no 9564
find the key in no 9985
start time: 0 (ms)
start time: 11 (ms)
total run time: 12 (ms)

E:\SortAndSearch>SearchProj.exe  Bin 10000-hs.txt keys.txt
find the key in no 1211
find the key in no 2002
find the key in no 5762
find the key in no 9564
find the key in no 9985
start time: 0 (ms)
start time: 1 (ms)
total run time: 2 (ms)
```

图 8.2 查找操作运行截图

8.6 常见问题及思考

本实验所排序的数据较小,在这种情况下可以一次性地把所有数据从外存中读入到内存,然后使用内部排序算法实现排序过程。当数据不再是几万条,而是几百万,甚至更多时,由于内存容量的限制,不可能一次性读入所有数据到内存,这时候该如何来进行数据的排序?

提示:对这部分的扩展,可以参考教材中的外部排序部分。

8.7 实验扩展

[问题描述]

待排序数据不是本次实验中所涉及的十万级别,而是达到百万,甚至亿时,如何设计一个高效的排序算法,让程序能够在尽可能短的时间内计算出排序结果。

第 9 章 综合实例——内存分配模拟系统

当我们在计算机上运行一个程序时,就相当于在操作系统中启动一个进程。这时,操作系统需要为该进程分配一定大小的内存空间,以便装载程序。而在该程序运行完成退出后,操作系统需要回收该程序所占用的内存空间,以便提供给后继进程使用。在进行 C/C++ 程序设计过程中,也常常会通过 malloc/new 进行内存的动态申请,这些动态内存空间的申请也都需要系统内存空间管理模块的支持。因此,操作系统中的内存管理模块实现对整个系统的内存管理至关重要,其采用的分配算法将会极大影响到内存分配的效率。

本章结合链表管理、数据查找、数据排序等章节的内容,运用策略设计模式模拟了一个简单的内存分配系统,以实现知识的综合应用。

9.1 课程设计目的

1. 综合应用链表、数据查找、数据排序等相关内容。
2. 掌握计算机内存分配的基本概念、方法。
3. 掌握一个模拟仿真程序的设计与实现方法。
4. 掌握策略设计模式及其应用。

9.2 课程设计内容

9.2.1 背景介绍

所谓连续内存分配是指操作系统给进程分配一块不小于指定大小的连续物理内存区域。例如,图 9.1 所示的系统内存状态。

系统占用区	程序 1 (40 M)	空闲区 1 (70 M)	程序 2 (35 M)	程序 3 (40 M)	空闲区 2 (70 M)	空闲区 3 (60 M)	程序 4 (30 M)	空闲区 5 (50 M)

图 9.1 内存使用情况例

在某一时刻,内存中存在 4 个程序,分别占用了 4 块内存区域,同时,系统中存在 4 个空闲区域,他们的大小分别是 70 MB、70 MB、60 MB 和 50 MB。若此时,系统要加载一个新的程序到内存中,且该程序需要空间为 40 MB,那么我们可以分配哪一块空闲存储区域给该程序呢?分配的策略、算法是什么呢?

本章所要完成的综合实例是一个操作系统的内存动态分配系统,其用于模拟系统的内存分配过程。模拟系统完成后,可以在该模拟程序运行后进行作业的创建,之后选择所要使用的内存分配方法进行作业所需空间的分配,并在这一过程中查看模拟系统为每一个作业分配的内存空间详情,分析不同分配算法对内存空闲区域的影响,从而分析每一种分配算法的优劣。

9.2.2 内存分配算法

内存分配算法的设计通常需要从两个角度考虑:如何找到要用的空闲分区;如何处理难以利用的小空闲分区。当前,系统的内存分配算法有许多,其中最简单、且最经典的三种分配算法分别为:首次适应算法(First Fit)、最佳适应算法(Best Fit)和最坏适应算法(Worst Fit)。

1. 首次适应算法(First Fit):空闲分区按地址大小顺序排列,在需要分配内存区域时,算法从头开始搜索空闲区间,把最先找到的、满足存储需求的那个空闲分区,分配给该作业。

2. 最佳适应算法(Best Fit):为作业分配内存时,把能满足要求、又是最小的空闲分区分配给作业,也就是在所有大于等于空间要求的分区中,把最接近实际空间需求的分区分配给作业。实现该算法时,通常把空闲分区按空间大小从小到大递增排序,以便快速查找。

3. 最坏适应算法(Worst Fit):扫描整个空闲分区表或链表,总是挑选一个最大的空闲区分割给作业使用。选用该分配算法时,通常把空闲区按空间大小从大到小进行递减排序,以便快速查找。

关于各算法的更详细叙述将在下一小节中详细展开。

注:为了避免太多的碎片空间导致不易管理,可设定一个最小块大小 MinBlockSize,当 $0 \leqslant$ 当空闲区大小－作业大小$<$MinBlockSize 时,把整块空闲区分配给作业;当空闲区大小－作业大小$>$MinBlockSize 时,则进行空间的分割。当然,这一数值的设定可以根据系统的具体要求加以改变。

此外,操作系统中真正的内存分配会比这里的简化理解复杂许多,例如,虚拟内存的应用、段页式存储、内存碎片的处理等,本文只是对其简化分配过程进行模拟。

9.2.3 策略模式

在本章所构造的内存分配模拟程序中,其所涉及的分配算法可以有多种多样,除了本章列举的三种方法外,还可以有其他分配算法。这些方法多种多样,且随着实验分配算法的需求经常改变,如果将这些算法都编码到对象中,将会使对象变得异常复杂;而且支持不使用的算法也是一个性能负担。

解决这一类问题的根本在于将算法与对象本身解耦,从而使设计和后继的扩展更加容易。设计模式中给出了软件构造中常见的情形,对于本章所针对的情况,正好可以使用策略模式满足这一要求。

解决方法:定义一些类来封装不同的内存分配算法,从而避免多种算法导致类的过度扩张,或者派生出太多子类,每一个以这种方法封装的内存分配算法称为一个策略(strategy)。本来,一个类定义了多种行为,并且这些行为在这个类的操作中以多个条件语句的形式出现,现将相关的条件分支移入它们各自的 Strategy 类中以代替这些条件语句,其类结构关系如图 9.2 所示。

策略模式可以形成相关算法系列,Strategy 类层次为 Context 定义了一系列的可供重用的算法或行为。策略模式有助于析取出这些算法中的公共功能。

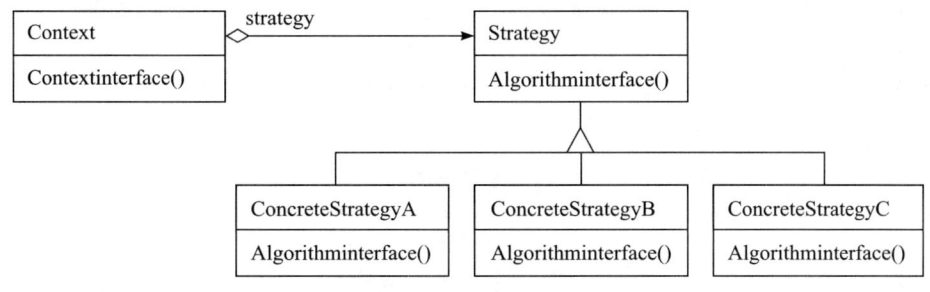

图 9.2　策略模式类图

9.3 课程设计过程

9.3.1 系统的总体设计

系统的总体结构设计如图 9.3 所示。系统运行后,首先显示主菜单,从主菜单中可以选择不同的操作。其中,"创建作业"将指引你进行作业的创建;"显示作业信息"将把你所创建的作业以列表的方式进行显示;"分配算法选择"将提供三种不同的分配算法,在选择后,程序将调用不同的算法进行内存分配操作,并显示分配过程和最后的内存状态。当然,用户也可以通过创建大量的作业,然后观察每一种分配算法产生的结果,验证他们的优缺点。

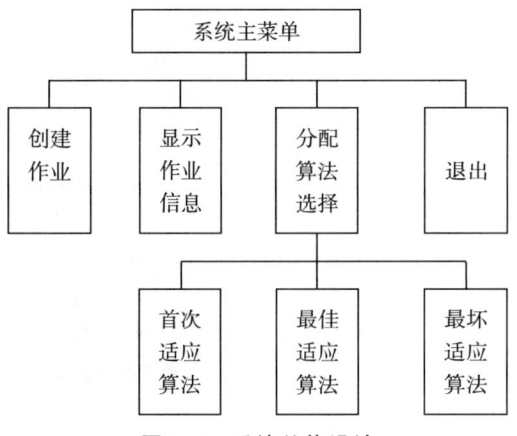

图 9.3　系统总体设计

9.3.2 系统的类定义

根据以上对整个模拟系统的分析,我们可以抽象出其中所包含的一些实体,包括作业、空闲区、作业队列管理、空闲区队列管理等。

EmptyBlockManager 类和 EmptyBlock 类定义如图 9.4 所示,其中:

(1) 空闲区队列管理 EmptyBlockManager 包含:存储空闲区的链表,空闲区增加、清除、显示,分配操作以及策略的设置等。

(2)内存空闲区 EmptyBlock 包含：编号、空间大小、当前状态、起始位置等。

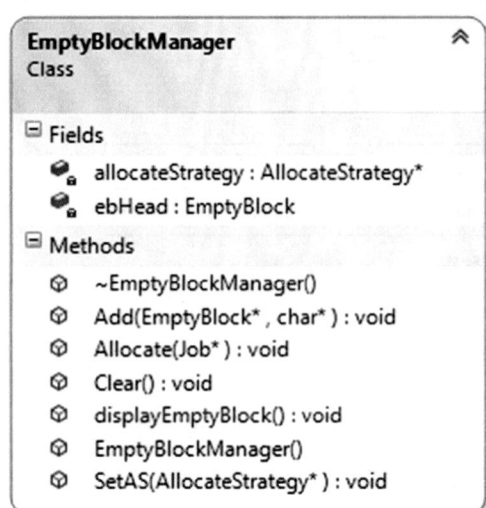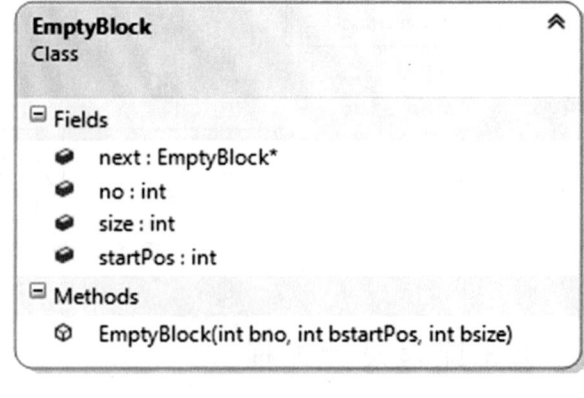

图 9.4　空闲块及其管理类

JobList 类和 Job 类定义如图 9.5 所示，其中：

(1)作业队列管理类 JobList 包含：存储作业的链表或顺序表、获取作业和显示作业的方法；

(2)作业 Job 包含：作业名称、作业所需空间大小、作业创建者、空间起始位置等；

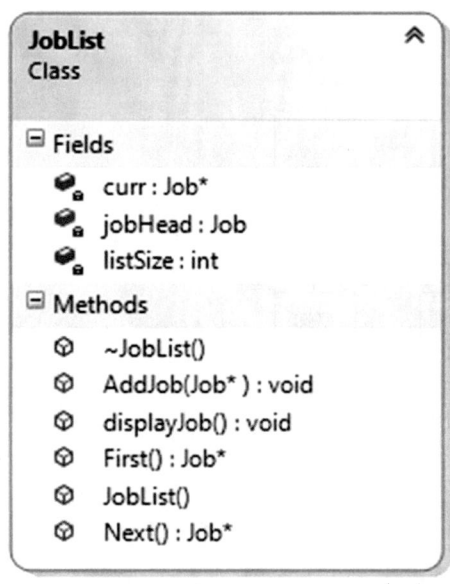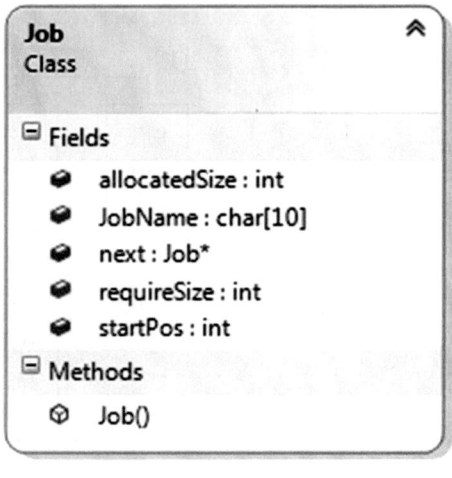

图 9.5　任务及其管理类

对于内存分配的实现算法，则用 AllocateStrategy 抽象类加以定义，BestFit、FirstFit 和 WorstFit 分别继承了抽象策略 AllocateStrategy，并实现了其中的 Allocate 方法。在具体使用某一分配策略时，只需要给 EmptyBlockManager 类设定相应的内存分配策略对象便可。

这种策略模式的应用,使程序具有更好的扩展性和可阅读性。内存分配策略类关系如图9.6所示。

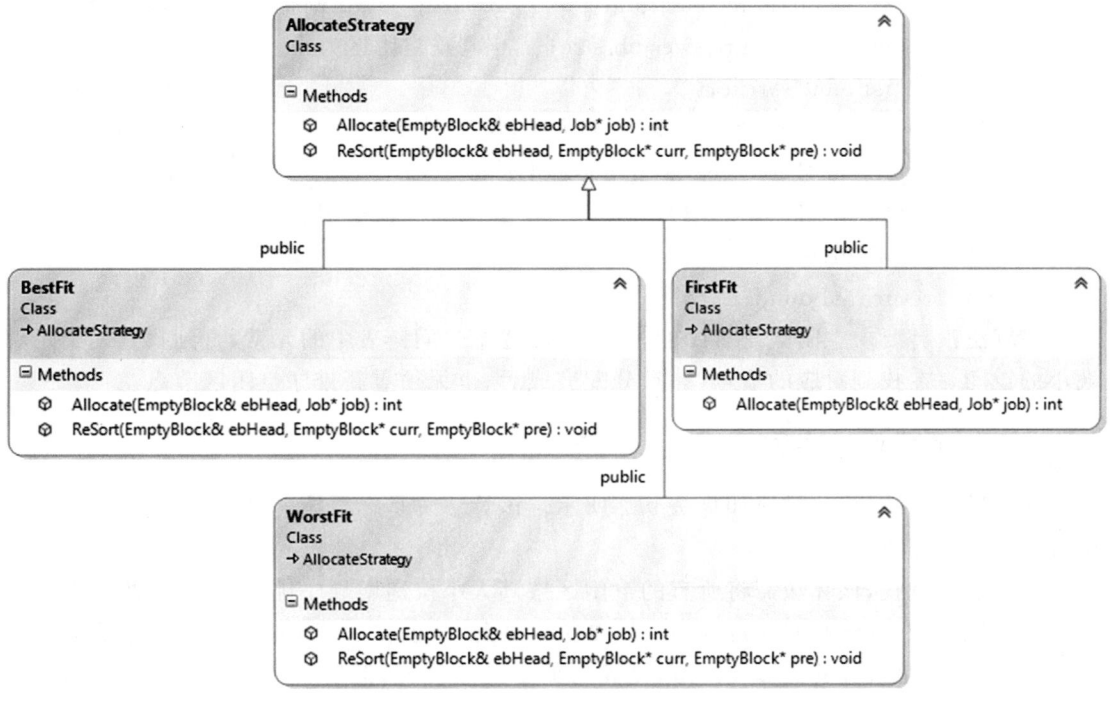

图 9.6 内存分配策略类关系

9.3.3 首次适应算法

首次适应算法,算法描述如算法 9.1 所示。使用该算法进行内存分配时,从空闲分区链首开始查找,直至找到一个能满足其大小需求的空闲分区为止。然后再按照作业的大小,从该分区中划分出一块内存区域分配给请求者,余下的空闲分区仍留在空闲分区链中。

该算法倾向于使用内存中低地址部分的空闲分区,在高地址部分的空闲分区非常少被利用,从而保留了高地址部分的大空闲区。显然,该算法为以后到达的大作业分配大的内存空间创造了条件。其缺点在于低地址部分不断被划分,留下许多难以利用、非常小的空闲区,而每次查找又都从低地址部分开始,这无疑会增加查找的开销。

算法 9.1:FirstFit
输入:空闲区域链表 Q,作业 job
输出:分配是否成功,分配后的空闲区域链表 Q
算法描述:
  1 isFound=false; //设置空间分配成功与否的标记
  //逐个访问空闲区域,直到找到满足要求的节点,或者所有都不满足;
  2 for(curr=Q.first();curr!=NULL&&!isFound;curr=Q.next())
  3 if(curr.size<job.size) //当前空闲区太小
  4   continue; //直接访问下一空闲区

5　　　else if(curr.size>=job.size+MinBlockSize)　　　//空闲区足够大
6　　　　job.startPos=curr.startPos;　　　//分配空间
7　　　　curr.startPos=curr.startPos+job.size;　　　//调整空闲区起始位置
8　　　　curr.size=curr.size-job.size;　　　//调整空闲区大小
9　　　　isFound=true;
10　　else　　//当前空闲区域足够大小,但是剩余空间小于MinBlockSize时
11　　　　job.startPos=curr.startPos;job.size=curr.size;　　　//分配空间
12　　　　Q.deleteNode(curr);　　　//删除当前空闲节点
13　　　　isFound=true;
14　　return isFound;

该算法没有要求空闲区是有序的,所以只能逐个访问链表中的元素,直到找到一个足够大小的空间。在找到对应的节点,并且分配完成后,也无须重新排序空闲区节点。

9.3.4 最佳适应算法

最佳适应算法,算法描述如算法9.2所示。该算法总是把既能满足需求,又是最小的空闲分区分配给作业。

为了加速查找,该算法需将所有的空闲区按其大小按递增顺序排序,以递增顺序形成一个空闲区域,并在分配和回收过程中加以维护。如此,从前往后搜索找到的第一个满足需求的空闲区,必然是最优的。孤立地看,该算法似乎是最优的,但事实上并不一定。因为每次分配后剩余的空间一定是最小的,在存储器中将留下许多难以利用的小空闲区。同时每次分配后必须重新排序,这也带来了一定的开销。

算法9.2:BestFit

输入:空闲区域链表Q(表中元素按空闲区域大小非降序排列),作业job

输出:分配是否成功,分配后的空闲区域链表Q

算法描述:

1　　isFound=false;//设置空间分配成功与否的标记
　　//逐个访问空闲区域,直到找到满足要求的节点,或者所有都不满足;
2　　for(curr=Q.first();curr!=NULL && curr.size<job.size;curr=Q.next())
　　　　{}
3　　if(curr<>NULL)　　　//当前空闲区太小
4　　　　isFound=false;　　　//直接访问下一空闲区
5　　else if(curr.size>=job.size+MinBlockSize)　　　//空闲区足够大
6　　　　job.startPos=curr.startPos;　　　//分配空间
7　　　　curr.startPos=curr.startPos+job.size;　　　//调整空闲区起始位置
8　　　　curr.size=curr.size-job.size;　　　//调整空闲区大小
9　　　　Q.reSort(curr)　　　//调整当前空闲区节点在表中的位置
10　　　　isFound=true;
11　　else　　//当前空闲区域足够大小,但是剩余空间小于MinBlockSize时
12　　　　job.startPos=curr.startPos;job.size=curr.size;　　　//分配空间

```
13    Q.deleteNode(curr);      //删除当前空闲节点
14    isFound=true;
15    return isFound;
```

该算法要求空闲区元素是非降序的,要找到最佳空闲区元素,也就是空闲节点空间大于Job所需空间,且大小最接近的空闲区元素。在具体实现时,算法从头开始逐个查找每一个元素,直到找到第一个满足要求的节点便停止。由于空闲区元素节点是有序排列的,所以在找到对应的节点,并且分配完成后,需重新排序空闲区节点,以保持有序。

9.3.5 最差适应算法

最差适应算法,算法描述如算法 9.3 所示。最差适应算法中,该算法按空闲区大小递减的顺序形成空闲区链,分配时直接从空闲区链的第一个空闲分区中分配(不能满足需要则不分配)。显然,如果第一个空闲分区不能满足,那么再没有空闲分区能满足需要。这种分配方法初看起来不太合理,但他也有非常强的直观吸引力:在大空闲区中放入程序后,剩下的空闲区常常也非常大,于是还能装下一个较大的新程序。

最坏适应算法和最佳适应算法的排序正好相反,他的队列头指针总是指向最大的空闲区,在进行分配时,总是从最大的空闲区开始查找,效率很高。

该算法克服了最佳适应算法留下的许多小的碎片的不足,但保留大的空闲区的可能性减小了,而且空闲区回收也和最佳适应算法一样复杂。

算法 9.2:WorstFit
输入:空闲区域链表 Q(表中元素按空闲区域大小非增序排列),作业 job
输出:分配是否成功,分配后的空闲区域链表 Q
算法描述:

```
1    isFound=false;//设置空间分配成功与否的标记
2    curr=Q.first();
     //Q 按非增序排列,所以只要第一个空闲区域空间不足,就无须再试;
3    if(curr!=NULL && curr.size>=job.size+MinBlockSize)
     //第一个空间足够大,且剩余空间可以独立为一个空闲区域
4      job.startPos=curr.startPos;              //分配空间
5      curr.startPos=curr.startPos+job.size;    //调整空闲区起始位置
5      cur.size=curr.size-job.size;             //调整空闲区大小
6      Q.reSort(curr)       //调整当前空闲区节点在表中的位置
7      isFound=true;
8    else(curr!=NULL && curr.size>=job.size)
     //当前空闲区域足够大小,但是剩余空间小于 MinBlockSize 时
9      job.startPos=cur.startPos;  job.size=cur.size;   //分配空间
10     Q.deleteNode(curr);   //删除当前空闲节点
11   return isFound;
```

该算法要求空闲区元素是非升序的,要找到最差空闲区元素,也就是找到最大空闲区的节点。由于空闲区节点是非增序排列,所以,在具体实现时,算法只需查看第一个空闲区节

点,看其是否满足要求。由于空闲区元素节点是有序排列的,所有在分配完成后,需重新排序空闲区节点。

9.4 实验程序参考

该模拟程序一共包含八个类,分别实现了空闲区定义(EmptyBlock)、空闲区管理(EmptyBlockManager)、任务定义(Job)、任务管理(JobList)、内存分配策略抽象类(AllocateStrategy)和三个具体分配策略类(FirstFit、BestFit、WorstFit),以及若干个函数(主函数和若干初始化值函数)。

在具体的实现过程中,考虑到本节叙述的方便性,我们把任务定义(Job)、任务管理(JobList)存放到一起,三个具体分配策略类存放到一起。在真正的项目实现中,最好是把每一个类都单独进行存储。

9.4.1 Job 与 JobList 类

Job 类与 JobList 类的类定义信息都存储在文件 JobList.h 中,其实现则存储在文件 JobList.cpp 文件中。

- **JobList.h**

```
/*******************************************************************/
/*   该文件定义了 Job 和 JobList 类                                    */
/*   其实现如 JobList.cpp 文件                                        */
/*******************************************************************/
#pragma once
class Job
{
    public:
        char JobName[10];       //任务名称
        int startPos;           //内存分配成功后,其占用内存的起始位置
        int allocatedSize;      //内存分配成功后,实际分配的内存大小
        int requireSize;        //任务的内存需求
        Job * next;             //指向下一个任务
        Job();
};
class JobList
{
    private:
        Job jobHead;            //任务列表的头节点
        int listSize;           //任务数
        Job * curr;             //当前任务,用于实现迭代器
    public:
```

```cpp
    void AddJob(Job *);
    JobList();
    ~JobList();
    void displayJob();      //现实所有任务信息
    Job * First();          //返回第一个任务
    Job * Next();           //返回下一个任务
};
```

- **JobList.cpp**

```cpp
/************************************************************/
/*    该文件定义了Job类和JobList类的实现                        */
/************************************************************/
#include "JobList.h"
#include <iostream>
using namespace std;
//缺省构造函数,设置缺省JobName及其他值
Job::Job()
{
    strcpy_s(JobName,"JobHead");
    startPos=0;
    requireSize=0;
    allocatedSize=0;
    next=NULL;
}
JobList::JobList()
{
    listSize=0;
}
//析构函数,需释放所有列表中的Job
JobList::~JobList()
{
    Job * p=jobHead.next;
    while(p)
    {
        jobHead.next=p->next;
        delete p;listSize--;
        p=jobHead.next;
    }
}
```

```cpp
//向 JobList 中添加 Job
void JobList::AddJob(Job * newjob)
{
    Job * p=&jobHead;
    while(p->next)
        p=p->next;
    newjob->next=p->next;
    p->next=newjob;
    listSize++;
}
//显示所有作业信息
void JobList::displayJob()
{
    Job * p=jobHead.next;
    if(p==NULL)
        cout<<"作业列表为空;"<<endl;
    while(p)
    {
        cout<<"作业:"<<p->JobName<<";\t 大小:"<<p->requireSize<<endl;
        p=p->next;
    }
}
//返回第一个 Job,该函数与 Next 配合完成 JobList 迭代器的功能
Job * JobList::First()
{
    curr=jobHead.next;
    return curr;
}
//返回下一个 Job
Job * JobList::Next()
{
    curr=curr->next;
    return curr;
}
```

9.4.2 EmptyBlock 类

EmptyBlock 类定义信息都存储在文件 EmptyBlock.h 中,其实现则存储在文件 EmptyBlock.cpp 文件中。

• **EmptyBlock.h**

```
/**************************************************************/
/*  EmptyBlock 定义了一个空闲块类                               */
/*  其实现如 EmptyBlock.cpp 文件                                */
/**************************************************************/
#pragma once
class EmptyBlock
{
    public:
        int no;                  //空闲块编号
        int startPos;            //空闲块起始地址
        int size;                //空闲块大小
        EmptyBlock * next;       //指向下一个空闲块
        EmptyBlock(int bno=0,int bstartPos=0,int bsize=0);
}
```

• **EmptyBlock.cpp**

```
/**************************************************************/
/*  该文件定义了 EmptyBlock 类实现                              */
/**************************************************************/
#pragma once
#include "EmptyBlock.h"
#include <iostream>
EmptyBlock::EmptyBlock(int bno,int bstartPos,int bsize)
    :no(bno),startPos(bstartPos),size(bsize)
{
    next=NULL;
}
```

9.4.3 EmptyBlockManager 类

EmptyBlockManager 类定义信息都存储在文件 EmptyBlockManager.h 中,其实现则存储在文件 EmptyBlockManager.cpp 中。

• **EmptyBlockManager.h**

```
/**************************************************************/
/*  EmptyBlockManager 定义了一个空闲块管理类                    */
/*  其实现如 EmptyBlockManager.cpp 文件                         */
/**************************************************************/
#pragma once
```

```cpp
#include "JobList.h"
#include "EmptyBlock.h"
#include "AllocateStrategy.h"
class EmptyBlockManager
{
    private:
        EmptyBlock ebHead;                          //空闲块头节点
        AllocateStrategy * allocateStrategy;        //空闲块分配策略
    public:
        EmptyBlockManager();
        ~EmptyBlockManager();
        void displayEmptyBlock();                   //现实所有空闲块信息
        void Clear();                               //清除所有空闲块
        void Add(EmptyBlock * ,char * );
        //增加一个空闲块,后一个参数指定链表排序方式
        void Allocate(Job * );                      //空闲块分配
        void SetAS(AllocateStrategy * );            //设置分配策略
};
```

- **EmptyBlockManager.cpp**

```cpp
/******************************************************************/
/*    该文件定义了 EmptyBlockManager 类实现                          */
/******************************************************************/
#include "EmptyBlockManager.h"
#include <iostream>
using namespace std;
//构造函数
EmptyBlockManager::EmptyBlockManager()
{
    allocateStrategy=NULL;
}
//析构函数
EmptyBlockManager::~EmptyBlockManager()
{
    //释放策略对象以及清空所有空闲块
    if(allocateStrategy)
        delete allocateStrategy;
    Clear();
}
```

```cpp
//增加空闲块,其中第二个参数用于指定空闲块的顺序
void EmptyBlockManager::Add(EmptyBlock * new_eb,char * sortType)
{
    EmptyBlock * pre=&ebHead;
        //首先查找插入位置
    if(strcmp(sortType,"DESC")==0)
        while(pre->next!=NULL && pre->next->size> new_eb->size)
            pre=pre->next;
    else if(strcmp(sortType,"ASC")==0)
        while(pre->next!=NULL && pre->next->size <new_eb->size)
            pre=pre->next;
    else
        while(pre->next)
            pre=pre->next;
        //插入空闲块节点
    new_eb->next=pre->next;
    pre->next=new_eb;
}
//删除特定空闲块,其中pre指向所要删除空闲块的前一个节点,cur指向要删除的空
//闲块节点
void Delete(EmptyBlock * pre,EmptyBlock * cur)
{
    pre->next=cur->next;
    delete cur;
}
//逐个打印当前空闲块信息
void EmptyBlockManager::displayEmptyBlock()
{
    EmptyBlock * p=ebHead.next;
    cout<<"内存空闲区信息:\n";
    if(p==NULL)
        cout<<"内存没有空闲区;"<<endl;
    while(p)
    {
        cout <<"空闲区号:"<<p->no
            <<";\t 起始位置:"<<p->startPos
            <<";\t 空间大小:"<<p->size<<endl;
        p=p->next;
```

```cpp
        }
    }
//清空所有空闲块,并释放空间
void EmptyBlockManager::Clear()
{
    EmptyBlock *p=ebHead.next;
    while(p)
    {
        ebHead.next=p->next;
        delete p;
        p=ebHead.next;
    }
}
//调用内存分配操作
void EmptyBlockManager::Allocate(Job *job)
{
    allocateStrategy->Allocate(ebHead,job);
}
//设置内存分配策略
void EmptyBlockManager::SetAS(AllocateStrategy *newAS)
{
    if(allocateStrategy)delete allocateStrategy;
    allocateStrategy=newAS;
}
```

9.4.4 AllocateStrategy 类

策略类是一个抽象类,所以我们只用一个头文件定义了其虚函数。

- **AllocateStrategy.h**

```cpp
/*******************************************************************/
/*   AllocateStrategy 定义了一个抽象的策略类                         */
/*   没有相关实现                                                   */
/*******************************************************************/
#pragma once
#include "EmptyBlock.h"
#include "JobList.h"
#define MinBlockSize 20      //预定义碎片大小
class AllocateStrategy
{
```

```cpp
    public:
//ReSort 用于在分配了具体的内存空间后,根据当前情况调整链表,确保其顺序要求
    virtual void ReSort(EmptyBlock& ebHead,EmptyBlock * curr,
        EmptyBlock * pre){};
    //Allocate 定义了分配操作,其中 ebHead 是空闲区表头,job 则是要分配任务的
    //对象指针
    virtual int Allocate(EmptyBlock& ebHead,Job * job)=0;
};
```

9.4.5 策略实现类

策略实现类包含 FirstFit、BestFit 和 WorstFit 三个类定义,他们均实现了 AllocateStrategy 类定义的虚函数。三个策略类的类定义信息都存储在文件 ImplAllocateStrategy.h 中,其实现则存储在 ImplAllocateStrategy.cpp 文件中。

- **ImplAllocateStrategy.h**

```cpp
/*******************************************************************/
/*    该文件定义了三种分配策略的具体实现                              */
/*    其实现如 ImplAllocateStrategy.cpp 文件                         */
/*******************************************************************/
#pragma once
#include "AllocateStrategy.h"
//最优适应策略
class BestFit:
    public AllocateStrategy
    {
    public:
        virtual void ReSort(EmptyBlock &ebHead,EmptyBlock * curr,EmptyBlock * pre);
        virtual int Allocate(EmptyBlock &ebHead,Job * job);
};
//最差适应策略
class WorstFit:
    public AllocateStrategy
    {
    public:
        virtual void ReSort(EmptyBlock &ebHead,EmptyBlock * curr,EmptyBlock * pre);
        virtual int Allocate(EmptyBlock &ebHead,Job * job);
};
//首次适应策略
class FirstFit:
```

```cpp
    public AllocateStrategy
    {
        public:
        //首次适应策略无需实现ReSort方法
            virtual int Allocate(EmptyBlock & ebHead,Job * job);
    };
```

- **ImplAllocateStrategy.cpp**

```cpp
/*****************************************************************/
/*   该文件定义了三个分配策略的实现                                    */
/*****************************************************************/
#include "ImplAllocateStrategy.h"
#include <iostream>
using namespace std;
//分配成功后,如果是从某空闲区划分出一块区域,则需要把当前的区域重新排序
//对于BestFit,则是调整curr块,使链表保持升序。
void BestFit::ReSort(EmptyBlock & ebHead,EmptyBlock * curr,EmptyBlock * pre)
{
    pre->next=curr->next;
    pre=&ebHead;
    while(pre->next!=NULL && pre->next->size<curr->size)
        pre=pre->next;
    curr->next=pre->next;
    pre->next=curr;
}
//用最优适应算法分配内存
int BestFit::Allocate(EmptyBlock &ebHead,Job * job)
{
    bool isFound=false;//设置空间分配成功与否的标记
    //逐个访问空闲区域,知道找到满足要求的节点,或者所有都不满足;
    EmptyBlock * curr=ebHead.next, * pre=&ebHead;
    for(;curr!=NULL && curr->size<job->requireSize;
        curr=curr->next,pre=pre->next)
    {}
    if(curr==NULL)      //没有找到合适的空闲区
        isFound=false;
    else if(curr->size>job->requireSize+MinBlockSize)  //空闲区足够大
    {
        job->startPos=curr->startPos;                  //分配空间
```

```cpp
        curr->startPos=curr->startPos+job->requireSize;    //调整空闲区起始位置
        curr->size=curr->size-job->requireSize;            //调整空闲区大小
        job->allocatedSize=job->requireSize;
        ReSort(ebHead,curr,pre);                           //调整当前空闲区节点在表中的位置
        isFound=true;
        cout<<"分配成功,从"<<curr->no<<"号空闲区分配了"
            <<job->allocatedSize<<"大小的空间"<<endl;
    }
    else    //当前空闲区域足够大小,但是剩余空间小于 MinBlockSize 时
    {
        job->startPos=curr->startPos;    //分配空间
        job->allocatedSize=curr->size;
        cout<<"分配成功,从"<<curr->no<<"号空闲区分配了"
            <<job->allocatedSize<<"大小的空间"<<endl;
        pre->next=curr->next;            //删除当前空闲节点
        delete curr;
        isFound=true;
    }
    if(!isFound)cout<<"找不到满足条件的空闲区,分配不成功"<<endl;
    return isFound;
}
//分配成功后,如果是从某空闲区划分出一块区域,则需要把当前的区域重新排序
//对于 WorstFit,则是调整 curr 块,使链表保持降序。
void WorstFit::ReSort(EmptyBlock &ebHead,EmptyBlock * curr,EmptyBlock * pre)
{
    pre->next=curr->next;
    while(pre->next!=NULL && pre->next->size>curr->size)
        pre=pre->next;
    curr->next=pre->next;
    pre->next=curr;
}
//用最坏适应算法分配内存
int WorstFit::Allocate(EmptyBlock &ebHead,Job * job)
{
    bool isFound=false;//设置空间分配成功与否的标记
    EmptyBlock * curr=ebHead.next;
    //Q 按非增序排列,所以只要第一个空闲区域空间不足,就无须再试;
    if(curr!=NULL && curr->size>job->requireSize+MinBlockSize)
    //第一个空间足够大,且剩余空间可以独立为一个空闲区域
```

```cpp
{
    job->startPos=curr->startPos;    //分配空间
    curr->startPos=curr->startPos+job->requireSize;//调整空闲区起始位置
    curr->size=curr->size-job->requireSize;//调整空闲区大小
    job->allocatedSize=job->requireSize;
    ReSort(ebHead,curr,&ebHead);//调整当前空闲区节点在表中的位置
    cout<<"分配成功,从"<<curr->no<<"号空闲区分配了"
        <<job->allocatedSize<<"大小的空间"<<endl;
    isFound=true;
}
else if(curr!=NULL && curr->size>=job->requireSize)
//当前空闲区域足够大小,但是剩余空间小于 MinBlockSize 时
{
    job->startPos=curr->startPos;    //分配空间
    job->allocatedSize=curr->size;
    cout<<"分配成功,从"<<curr->no<<"号空闲区分配了"
        <<job->allocatedSize<<"大小的空间"<<endl;
    ebHead.next=curr;   //删除当前空闲节点
    delete curr;
    isFound=true;
}
if(!isFound)cout<<"找不到满足条件的空闲区,分配不成功"<<endl;
return isFound;
}
//用首次适应算法分配内存
int FirstFit::Allocate(EmptyBlock &ebHead,Job * job)
{
    bool isFound=false;//设置空间分配成功与否的标记
    //逐个访问空闲区域,知道找到满足要求的节点,或者所有都不满足;
    for(EmptyBlock * curr=ebHead.next,* pre=&ebHead;
        curr!=NULL && !isFound;curr=curr->next,pre=pre->next)
    {
        if(curr->size<job->requireSize)     //当前空闲区太小
            continue;//直接访问下一空闲区
        else if(curr->size>job->requireSize+MinBlockSize)  //空闲区足够大
        {
            job->startPos=curr->startPos;    //分配空间
            curr->startPos=curr->startPos+job->requireSize;//调整起始位置
            curr->size=curr->size-job->requireSize;       //调整空闲区大小
```

```cpp
            job->allocatedSize=job->requireSize;
            cout<<"分配成功,从"<<curr->no<<"号空闲区分配了"
                <<job->allocatedSize<<"大小的空间"<<endl;
            isFound=true;
        }
        else   //当前空闲区域足够大小,但是剩余空间小于MinBlockSize时
        {
            job->startPos=curr->startPos;         //分配空间
            job->allocatedSize=curr->size;
            cout<<"分配成功,从"<<curr->no<<"号空闲区分配了"
                <<job->allocatedSize<<"大小的空间"<<endl;
            pre->next=curr->next;               //删除当前空闲节点
            delete curr;
            isFound=true;
        }
    }
    if(!isFound)cout<<"找不到满足条件的空闲区,分配不成功"<<endl;
    return isFound;
}
```

9.4.6 主程序文件——MemoryAllocationSimulator.cpp

```cpp
/******************************************************************/
/*   该文件定义main函数以及若干个初始化函数                          */
/******************************************************************/
#include "EmptyBlockManager.h"
#include "AllocateStrategy.h"
#include "ImplAllocateStrategy.h"
#include "JobList.h"
#include <iostream>
using namespace std;
#define EMPTYBLOCKSIZE 5 //定义空闲区块的大小,可以修改
//创建作业
void CreateJob(JobList &jobList)
{
    Job * job;
    while(1==1)
    {
        job=new Job;
        cout<<"输入作业名称(输入*号结束):";
```

```cpp
        cin>>job->JobName;
        if(strcmp(job->JobName,"*")==0)
        {
            delete job;return;
        }
        cout<<"输入作业大小:";
        cin>>job->requireSize;
        job->next=NULL;
        jobList.AddJob(job);
    }
}
//利用Block大小数组实现空闲块列表的初始化。
void InitEmptyBlock(int ebs[],EmptyBlockManager &ebm,char *sortType)
{
    int startPos=0;
    EmptyBlock *eb;
    for(int k=0;k<EMPTYBLOCKSIZE;k++)
    {
        eb=new EmptyBlock(k,startPos,ebs[k]);
        startPos+=ebs[k];
        ebm.Add(eb,sortType);
    }
}
//实现jobList中Job的内存分配操作
void Simulate(EmptyBlockManager &ebm,JobList &jobList)
{
    for(Job *job=jobList.First();job!=NULL;job=jobList.Next())
    {
        ebm.Allocate(job);
    }
}
//模拟程序的主函数
void main()
{
    //用来初始化空闲区链表的内存空闲区大小状态信息
    //假设当前内存空闲区是按低地址排列
    int emptyBlocks[EMPTYBLOCKSIZE]={200,150,100,450,300};
    JobList jostList;
    EmptyBlockManager ebm;
```

```cpp
int commandID;
InitEmptyBlock(emptyBlocks,ebm,"Random");
do
{
    cout<<endl;
    cout<<"-------------------------------------"<<endl;
    cout<<"              内存分配模拟系统            "<<endl;
    cout<<"====================================="<<endl;
    cout<<"1->创建作业                            "<<endl;
    cout<<"2->作业信息显示                         "<<endl;
    cout<<"3->空闲区信息显示                       "<<endl;
    cout<<"4->首次适应算法                         "<<endl;
    cout<<"5->最佳适应算法                         "<<endl;
    cout<<"6->最坏适应算法                         "<<endl;
    cout<<"0->退出程序                            "<<endl;
    cout<<"-------------------------------------"<<endl;
    cout<<endl;
    cout<<"请输入您选择的功能号:"<<endl;
    cin>>commandID;
    switch(commandID)
    {
        case 1:
            CreateJob(jostList);
            break;
        case 2:
            jostList.displayJob();
            break;
        case 3:
            ebm.displayEmptyBlock();
            break;
        case 4://首次适应算法
            ebm.Clear();
            InitEmptyBlock(emptyBlocks,ebm,"Random");
            cout<<"首次适应算法的空闲块顺序显示为:"<<endl;
            ebm.displayEmptyBlock();
            ebm.SetAS(new FirstFit());
            Simulate(ebm,jostList);
            cout<<"利用首次适应算法的进行分配后空闲块顺序显示为:"<<endl;
            ebm.displayEmptyBlock();
```

```cpp
            break;
        case 5:          //最佳适应算法
            ebm.Clear();
            InitEmptyBlock(emptyBlocks,ebm,"ASC");//内存空闲区初始化
            cout<<"最佳适应算法的空闲块顺序显示为:"<<endl;
            ebm.displayEmptyBlock();
            ebm.SetAS(new BestFit());
            Simulate(ebm,jostList);
            cout<<"利用最佳适应算法的进行分配后空闲块顺序显示为:"<<endl;
            ebm.displayEmptyBlock();
            break;
        case 6://最坏适应算法
            ebm.Clear();
            InitEmptyBlock(emptyBlocks,ebm,"DESC");//内存空闲区初始化
            cout<<"最坏适应算法的空闲块顺序显示为:"<<endl;
            ebm.displayEmptyBlock();
            ebm.SetAS(new WorstFit());
            Simulate(ebm,jostList);
            cout<<"利用最坏适应算法的进行分配后空闲块顺序显示为:"<<endl;
            ebm.displayEmptyBlock();
            break;
        case 0:
            break;
        default:
            cout<<"您输入的数值不正确,请重新输入!"<<endl;
            break;
        }
    } while(commandID!=0);
}
```

9.5 系统运行结果截图

利用上述参考程序,实现并运行程序,可以得到一个内存分配模拟系统。在初始时,我们把空闲区定义为固定的几个区域,若读者愿意,也可以修改空闲区的数量、大小,甚至可以自己增加函数,以实现空闲区的灵活定义。该系统运行,并进行各种分配算法后,其运行结果初始现实如下:

    内存分配模拟系统
==
   1->创建作业

2—>作业信息显示

3—>空闲区信息显示

4—>首次适应算法

5—>最佳适应算法

6—>最坏适应算法

0—>退出程序

通过选择功能1,输入多个作业并以*结束作业输入,再选择功能2,可以列出我们已经输入的作业信息如下:

作业:job1；　　　大小:280

作业:job2；　　　大小:88

作业:job3；　　　大小:160

作业:job4；　　　大小:800

之后,可以选择4、5、6分别进行内存分配算法模拟分配过程,各种分配算法会按照所设定的策略进行分配操作。首次适应算法运行结果输出显示如下:

首次适应算法的空闲块顺序显示为:

内存空闲区信息:

空闲区号:0；　　起始位置:0；　　空间大小:200

空闲区号:1；　　起始位置:200；　空间大小:150

空闲区号:2；　　起始位置:350；　空间大小:100

空闲区号:3；　　起始位置:450；　空间大小:450

空闲区号:4；　　起始位置:900；　空间大小:300

分配成功,从3号空闲区分配了280大小的空间

分配成功,从0号空闲区分配了88大小的空间

分配成功,从3号空闲区分配了170大小的空间

找不到满足条件的空闲区,分配不成功

利用首次适应算法的进行分配后空闲块顺序显示为:

内存空闲区信息:

空闲区号:0；　　起始位置:88；　　空间大小:112

空闲区号:1；　　起始位置:200；　　空间大小:150

空闲区号:2；　　起始位置:350；　　空间大小:100

空闲区号:4；　　起始位置:900；　　空间大小:300

最佳适应算法运行结果输出显示如下:

最佳适应算法的空闲块顺序显示为:

内存空闲区信息:

空闲区号:2；　　起始位置:350；　空间大小:100

空闲区号:1；　　起始位置:200；　空间大小:150

空闲区号:0；　　起始位置:0；　　空间大小:200

空闲区号:4；　　起始位置:900；　空间大小:300

空闲区号:3；　　起始位置:450；　空间大小:450

分配成功,从 4 号空闲区分配了 300 大小的空间
分配成功,从 2 号空闲区分配了 100 大小的空间
分配成功,从 0 号空闲区分配了 160 大小的空间
找不到满足条件的空闲区,分配不成功
利用最佳适应算法的进行分配后空闲块顺序显示为:
内存空闲区信息:
空闲区号:0;　　　起始位置:160;　　空间大小:40
空闲区号:1;　　　起始位置:200;　　空间大小:150
空闲区号:3;　　　起始位置:450;　　空间大小:450

最坏适应算法运行结果输出显示如下:
最坏适应算法的空闲块顺序显示为:
内存空闲区信息:
空闲区号:3;　　　起始位置:450;　　空间大小:450
空闲区号:4;　　　起始位置:900;　　空间大小:300
空闲区号:0;　　　起始位置:0;　　　空间大小:200
空闲区号:1;　　　起始位置:200;　　空间大小:150
空闲区号:2;　　　起始位置:350;　　空间大小:100
分配成功,从 3 号空闲区分配了 280 大小的空间
分配成功,从 4 号空闲区分配了 88 大小的空间
分配成功,从 4 号空闲区分配了 160 大小的空间
找不到满足条件的空闲区,分配不成功
利用最坏适应算法的进行分配后空闲块顺序显示为:
内存空闲区信息:
空闲区号:0;　　　起始位置:0;　　　空间大小:200
空闲区号:3;　　　起始位置:730;　　空间大小:170
空闲区号:1;　　　起始位置:200;　　空间大小:150
空闲区号:2;　　　起始位置:350;　　空间大小:100
空闲区号:4;　　　起始位置:1148;　 空间大小:52

9.6 实验扩展

扩展 1——内存的回收操作:内存除了可以进行按需分配给各个程序外,当某个程序运行完后,自然也该把该内存空间还给系统,以便系统在后继程序请求过程中加以重新利用。请你在上述模拟程序的基础上完成内存的回收功能。

扩展 2——空闲内存的合并:在系统长时间使用后,内存不断地进行分配、回收操作,必定会导致系统的可用内存空闲区分散在各个程序之间,并且都是一些较小的内存区域。若有一个程序需要载入运行,且没有任何一个单独的空闲区可以满足该程序的内存空间大小,这时常用的解决方法是进行相邻内存空闲区域的合并操作。例如,图 9.1 所示的内存空间状态是经过若干次分配、回收操作后得到的,其中空闲区均小于 80 MB,若这时有一个程序

载入需要 80 MB 空间,那么没有任何一块单独的区域可以满足这一操作。可是,通过观察可以明显看出,空闲区 2 和空闲区 3 是相邻的,且其总空间大小可以满足 80 MB 的程序载入要求,所以系统可以先进行程序空闲区域的合并操作,也就是合并空闲区 2 和和空闲区 3,从而得到一个大于 80 MB 的空闲空间,然后再进行空间的分配。请你在上述模拟程序,以及扩展 1 的基础上完成内存空闲区域合并的功能。

扩展 3——空闲区域的紧凑:所谓的紧凑是指通过移动分配给进程的内存分区,以合并外部碎片。紧凑的条件是:所有的应用程序可动态重定位,当然,我们这里不考虑这一问题。例如,图 9.1 所示的内存空间状态,现有一个程序运行需要连续的 150 MB 内存空间,很明显,通过扩展 2 的方法进行相邻内存区域的合并后,也只能得到空闲区 2 和空闲区 3 合并得到的 130 MB 连续空闲区域。紧凑操作则可以通过移动程序 3 到空闲区 5 的末尾部分,从而使空闲区 2、空闲区 3、程序 4 以及空闲区 5 的前部分形成一个大的连续空闲区域,以满足 150 MB 的内存空间需求。请你在上述模拟程序、扩展 1 以及扩展 2 的基础上完成内存空闲区域紧凑操作。

附录一:实验报告规范

附录一中以线性表为例给出了一份实验报告结构例,对于其他实验的实验报告,需要修改相关内容,保留整个实验报告的基本框架,填写对应的实验内容。

实验报告(一):线性表

科目:数据结构_____ 专业:_____ 班级:_____
姓名:_____ 学号:_____ 日期:_____

1 实验目的

1. 掌握线性表的一种定义、实现方法。
2. 掌握建立顺序表的基本方法。
3. 掌握利用单链表或者双向链表的建立、查找、插入和删除等运算。
4. 理解建立数据结构及其操作的意义,并能够进行简单运用。

2 实验内容

利用单链表或者双向链表实现线性表,并对线性表的一些常用操作加以实现。通过利用本实验实现的线性表,实现学生信息数据的存储、查找等各种操作。

3 数据结构设计

3.1 数据结构设计

把你设计的数据结构用图形画出来,作为你的设计。

3.2 基本操作

列出所要实现的基本操作,可以参考书中每个数据结构的 ADT 定义。

4 实现

4.1 结构设计实现

这里主要把各种数据类型的定义,比如线性表的表头和结点定义列出来。

4.2 操作实现

这里每一个操作都会对应一个小节,把它们的实现放进去,最好能大概说明过程,或者在程序中详细注释。

4.3 数据结构应用

这里是 main 函数对你所实现的数据结构的应用。

5 实验结果

实验结果需要你提供输入、输出对应,如果数据量较大,则希望以表格的方式列出。不允许通过大量截图的方式展示实验结果。

6 存在问题和分析

实验中存在的问题、解决方法,如果没有解决就写没有解决。

附录二：VS2015 简单调试

对于程序设计人员，从其开始学习程序语言起就不可避免地与程序错误为伴。从开始学习程序时遇到的语法错误、链接错误为主，到后来碰到各种逻辑错误为主。一般来说，语法错误是比较容易查找并且修改的，而且编译通常会给出较完整的提示信息，所以相对而言比较容易修改。链接错误来源很多，通常和系统、库函数等方面有关，难以一言蔽之。最后是逻辑错误，也是学生在实验课上碰到的难点。因为系统不能给出明确的提示，或者在出错时给出的信息不够充分，因此学生也只是知道运行错误，那么如何掌握找到并修改运行错误的方法就非常重要。

本附录通过一个简单的实例介绍程序的调试方法，通过调试发现程序中的逻辑错误。当然，更加深入的应用和熟练使用还需自己多加练习。该文档所举例子的开发环境为 Visual Studio 2015，所叙述的一些快捷键、界面等元素同样适用于 VS2005、VS2008、VC++6 等微软系开发环境；若开发环境为 Eclipse、CodeBlock 等非 Windows 产品序列，则由于快捷键等设置，使调试过程略有不同。

本调试实例相关代码可以在 https://pan.baidu.com/s/1pKY3GHd 中下载。

1 一个实例

一个用于存储数据元素的容器类——桶（Bucket）的定义及其应用程序，包括主程序 BucketApp.cpp 文件，容器定义文件 Bucket.h，其中 Bucket 用链表的方式实现一个容器。这里只是截取 BucketApp.cpp 和 Bucket.h 文件的部分代码，用于说明程序调试过程，若要完整实现一个存放数据的容器，还需对代码进行进一步的完善。

BucketApp.cpp 文件
```
#include "Bucket.h"
int main()
{
    CBucket<int>bucket1;
    bucket1.insertElem(1,1);
    bucket1.insertElem(2,2);
    bucket1.printAll();
}
```
Bucket.h 文件
```
#include <iostream>
#define SUCCEED 0
#define ERRORPOSITION 1
```

```cpp
#define OVERFLOW 2
template <typename ElemType>
class CBucket
{
    typedef struct Node
    {
        struct Node * next;
        ElemType data;
    }BNode, * PBNode;
private:
    int size;
    BNode head;
    //作为临时变量使用
    BNode * currentNode;
public:
    CBucket(void)
    {
        size=0;
        head.next=NULL;
    }
    ~CBucket(void)
    {
        BNode * p=head.next;
        BNode * q;
        while(p! =NULL)
        {
            q=p->next;
            delete p;
            p=q;
        }
    }
    ///插入元素到桶中,作为第 no 个元素
    int insertElem(ElemType e,int no)
    {
        if(no>size+1||no<=0)return ERRORPOSITION;
        //p 指针指向要插入节点的前一个节点,初始化为指向 head 节点
        BNode * p=&head;
        //向后移动 no-1 个位置
        for(int k=2;k<no;k++)        //错误的初始值,k 初始该为 1
```

```
    {
       p=p->next;
    }
    //创建一个节点
    BNode * q=new BNode();
    if(q==NULL)return OVERFLOW;
    q->data=e;
    q->next=NULL;
    //把该节点插入到p之后
    q->next=p->next;
    p->next=q;
    size++;
    return SUCCEED;
  }
  //打印所有元素
  void printAll()
  {
    std::cout<<"start print one bucket"<<std::endl;
    BNode * p=head.next;
    int k=1;
    while(p)
    {
      std::cout<<k<<":"<<p->data<<std::endl;
      p=p->next;k++;
    }
    std::cout<<"end print one bucket"<<std::endl;
  }
};
```

输入、编译并运行上述程序，其结果如图1所示。

```
C:\Windows\system32\cmd.exe
start print one bucket
1:2
2:1
end print one bucket
Press any key to continue . . .
```

图1　Bucket 应用运行结果

运行该程序，可以观察到其输出为 2、1，也就是第 1 个元素为 2，第 2 个元素为 1。由于是在第一位置插入 1，第二位置插入 2，所以我们期望的输出为 1:1、2:2。这时，我们发现程序运行结果和我们预想的不符合。通过上述现象（程序编译并生成可执行程序，但是运行结果与预期不符),我们可以判断该程序中存在逻辑上的错误,也就是错误是由算法设计导致的。

2 初步发现问题

接下来的一步就是要发现问题。程序从开始到结束执行了许多语句,为了能够尽快确定错误位置,我们需要做的第一步就是确定错误的大致位置。

按 F10 运行程序,运行程序如图 2 所示。

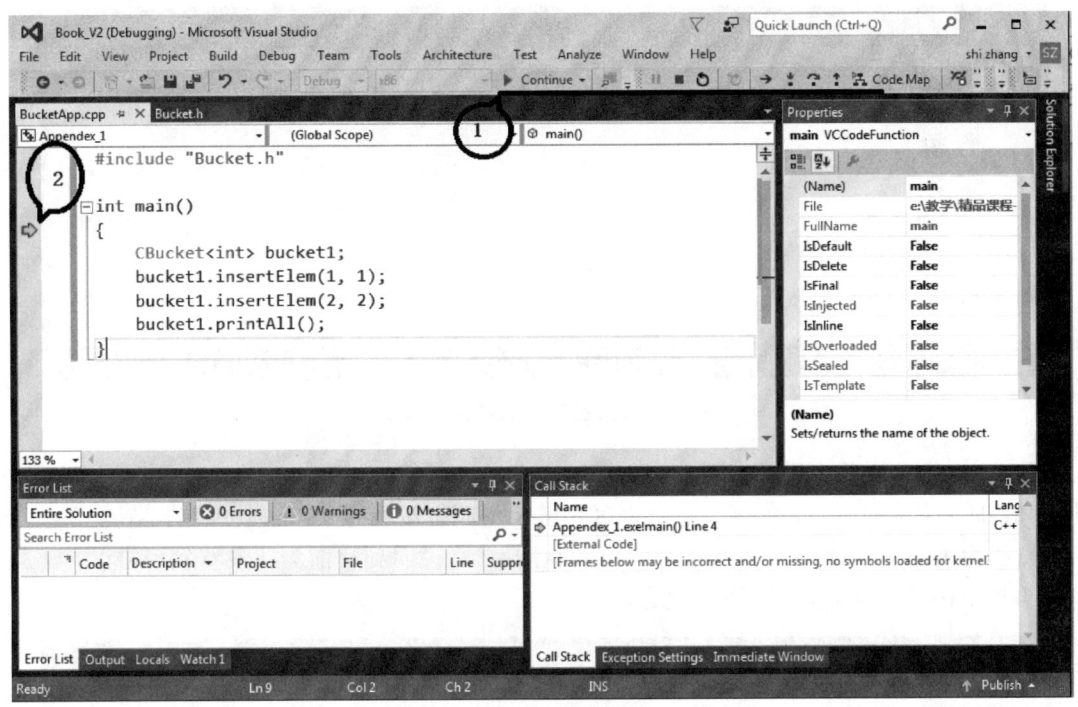

图 2 处于调试状态的运行窗口

其中 1 位置是调试常用的工具按钮(有时会因为设置的问题导致该调试窗口位置变化,或者处于浮动窗口状态),2 位置的箭头指示的是当前程序运行到的位置。把图中 1 位置各个图标标上标号,如图 3 所示。

图 3 处于调试状态的调试工具按钮

这八个工具按钮分别是:
(1)继续运行(F5,会运行到下一个断点停止,如果没有断点,则运行到结束)
(2)停止运行(不结束程序 ctrl+shift+F5)
(3)结束运行(结束程序调试 shift+F5)

(4)重新启动

(5)显示下一个语句

(6)运行到函数内部(如果当前语句是一个函数)(F11)

(7)运行到同层的下一条语句(F10)

(8)跳出当前函数(shift+F11)

我们按F10(或者点击按钮5),可以观察到程序逐语句运行,当语句前的小箭头指向语句bucket1.insertElem(2,2)时,表示该语句前面的语句都运行完成,但是该语句还未运行,这时显示的监视窗口如图4所示。

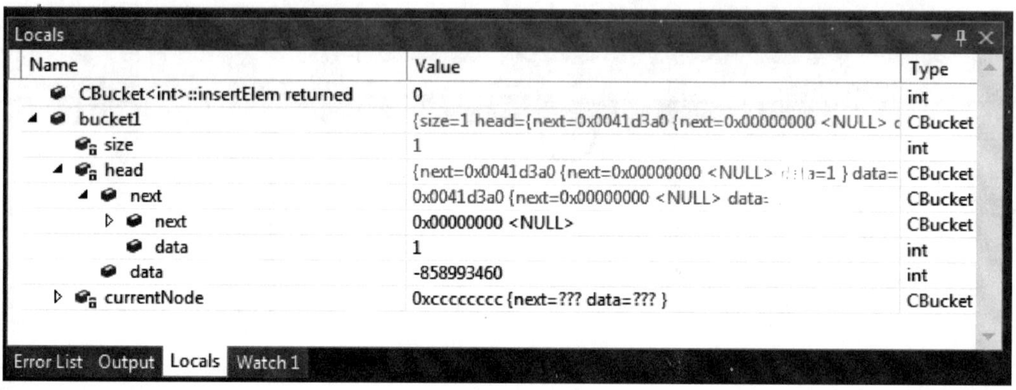

图4 调试状态下的监视窗口1

Bucket1 变量展开之后可以看到,它包含 size=1,head 节点和 currentNode。Head 节点展开,其值 data 为-858993460(该节点数据区对链表头而言没有意义),next 又指向一个节点,所指节点值为1,next 为空。这些结果和我们的预期一致,说明到目前为止没有发现错误。

再按F10,运行的窗口监视变化为图5。

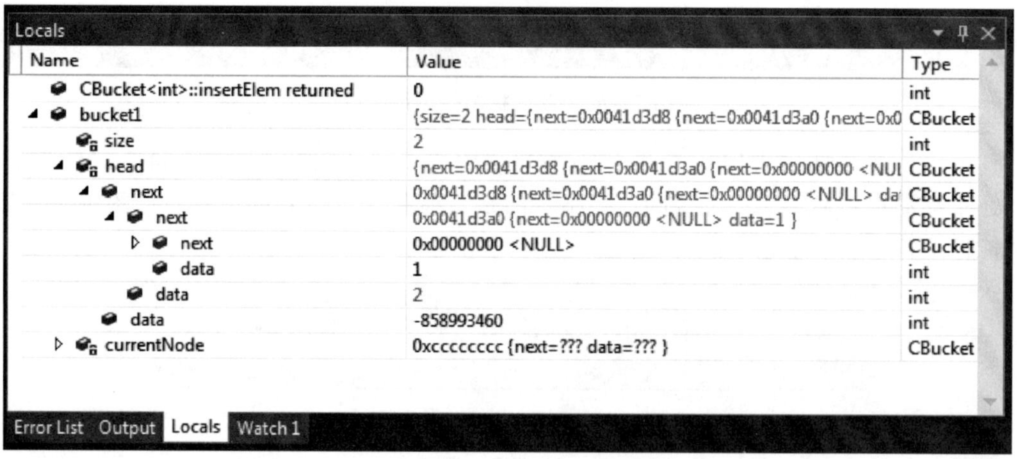

图5 调试状态下的监视窗口2

从这里观察 head 的 next 指向的节点值是2,2这个节点指向节点的值是1,很明显的,我们希望在第二个位置插入2,而不是第一个位置。因此可以断定刚才执行的这个语句有问题,也就是 bucket1.insertElem(2,2)运行中产生了问题。

3 深入发现问题

在初步发现问题在 InsertElem 函数之后,接下来重新开始,并且在发现错误的这条语句上加断点(光标停留在该语句行,并且按 F9),效果如图 6 所示。

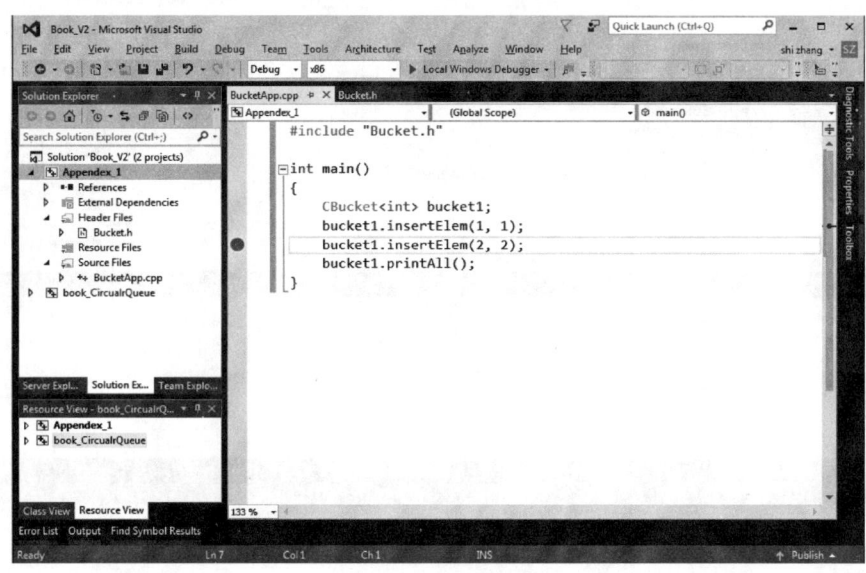

图 6　设置断点

这样设置的目的是便于直接运行到该位置,特别在程序比较长的时候。如果我们每次都从头一步一步运行到怀疑错误的位置,显然是非常耗时的。在这里设置断点,然后按 F5 可以直接运行到该位置。我们让程序运行到该位置,如图 7 所示。

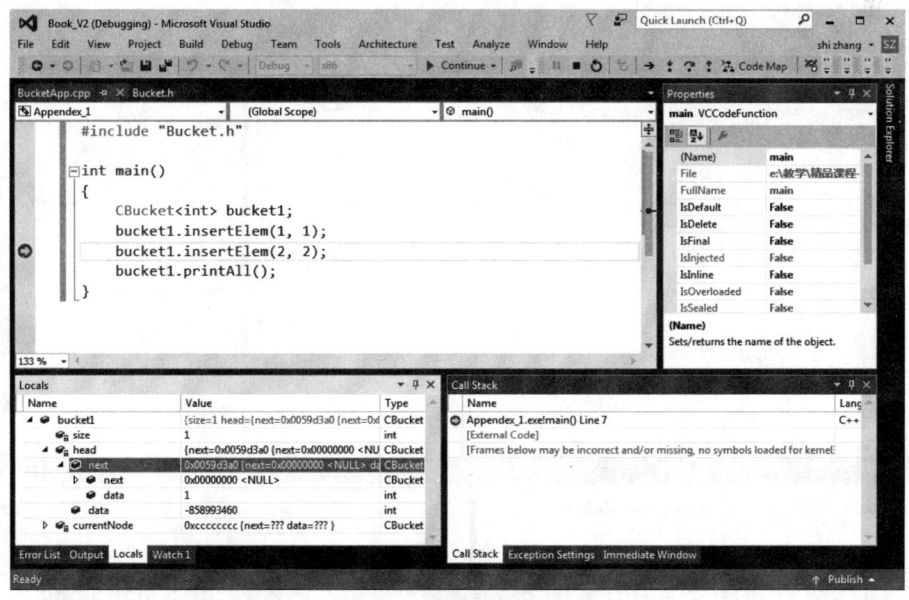

图 7　运行到断点位置

由于已经断定该函数运行存在错误,所以需要进一步考察该函数运行情况,以确定具体的问题出在该函数的哪个语句上。用 F11 让程序运行到该函数内部,如图 8 所示。

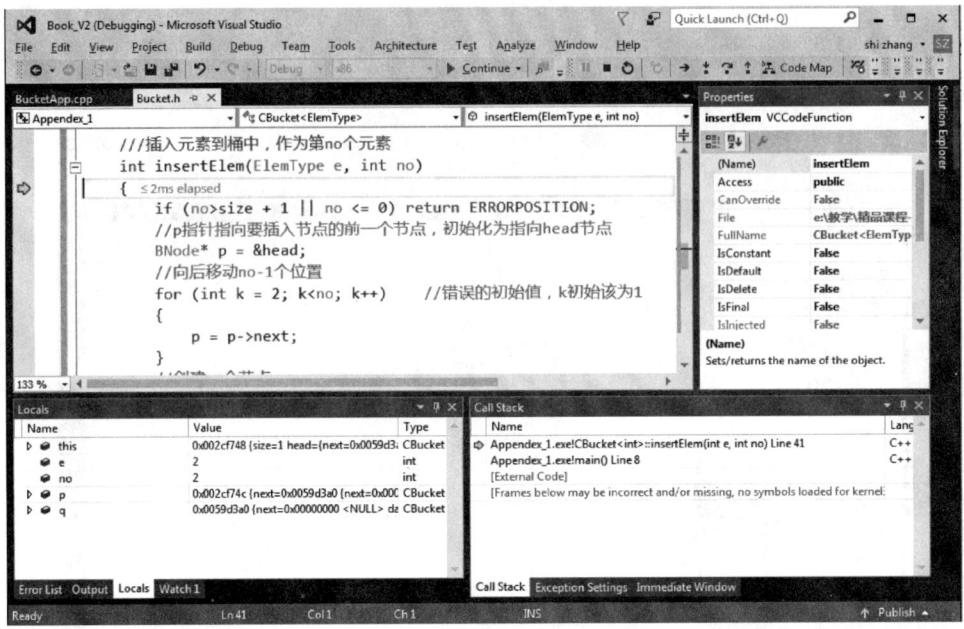

图 8　运行到函数内部

接着按照前面的方法用 F10 让程序在该层逐步运行,并且对比你所预期的结果和程序运行的结果,如果不一致,便发现问题了。在本例中,要在第二个位置插入节点,那么 for 语句应该执行一次,让 p 移动,而我们在跟踪执行过程中发现,for 语句没有进入内部执行,直接到如图 9 所示位置,因此可以断定该处执行情况存在和预期不符合的情况。

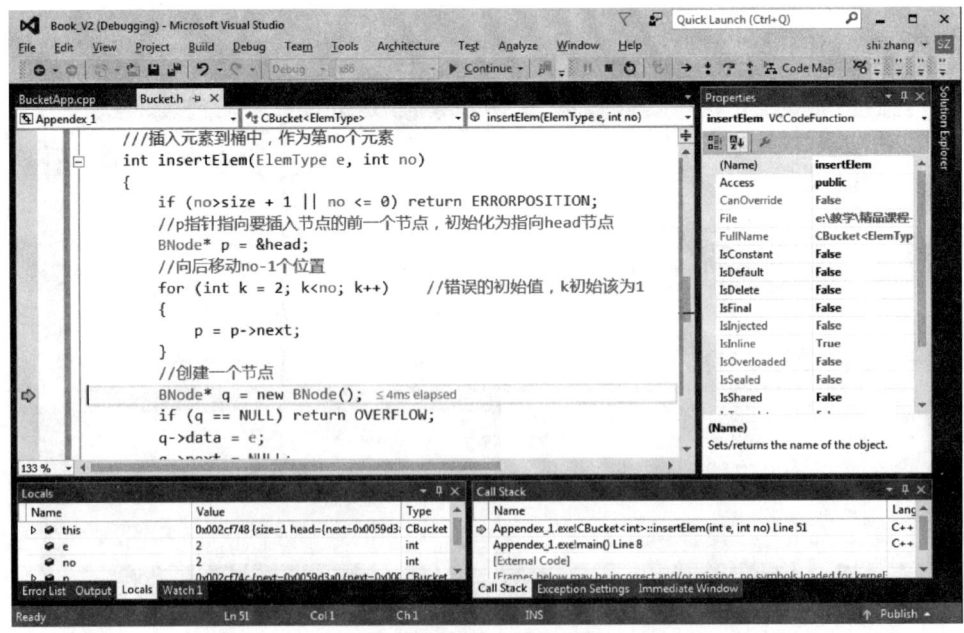

图 9　跳过 for 语句后

再仔细推敲,很容易发现问题:for 语句中的 k 初始值为 2,导致 p 没有向后移动。这时的指针 p 和 head 值相同,如果直接插入元素,也就相当于在元素 1 之前插入元素 2。

4 解决问题

发现问题后加以解决就非常直观了,只要把 k 的初始值改为 1 便可。至此,我们解决了一个逻辑错误。当然算法如果还有其他的错误,则还需要进一步发现。

5 其他

在程序较长,特别是有循环语句存在的时候,可以适当设置若干个断点把程序分成几个部分,然后直接 F5 运行到断点,观察结果和预期效果。这样做的好处就是可以避免对长程序逐语句运行耗费很多时间,可以快速确定程序问题所在区域。然后在该区域内部再一步一步跟踪执行。

另外,在调试程序时,通常需要多遍运行,而不是一次就可以,所以一边运行一边输入数据的方法就非常低效。这时可以把要输入的数据先固定存储成变量或者数组,避免每一次调试都要重新输入,待调试成功后再改回去便可。

6 运行变量的观察

运行过程中程序状态的监测实际上非常重要,常用的方法有打印输出,但是打印输出在有些情况下使用较为麻烦,有一定的局限性。VS 开发环境已经提供了观察变量、调用堆栈的窗口,图 10 所示,通常在 VS 窗口的下部。

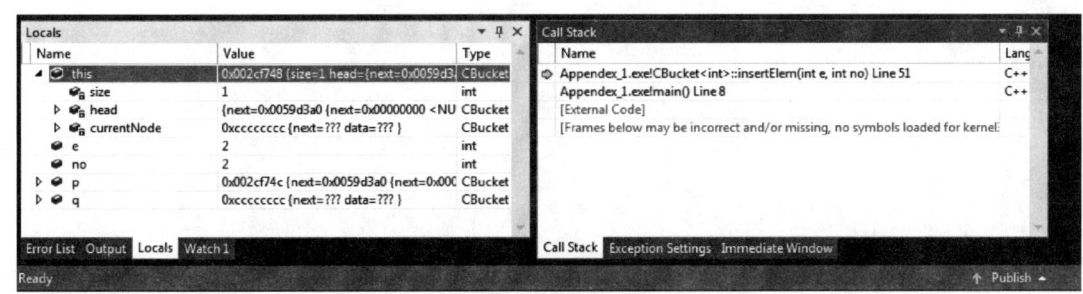

图 10 调试状态下的监视窗口堆栈显示

窗口的左边部分包括了几个页面,分别是:
(1)错误列表页(Error List):列出程序的编译错误信息;
(2)输出窗口页(Output):列出程序运行过程中的一些系统输出信息;
(3)本地变量监控页(Locals):这里面是系统自动根据当前状况列出一些相关的变量、数据,从而展示程序运行的状态;
(4)自定义变量监控页(Watch1):可以根据自己的需要把一些变量列进去,以便观察。比如 bucket1 的地址,这个在自动和局部窗口无法看到,这里可以通过 &bucket1 的方式增加进去。

窗口右边包含了如下几个页面：

(1)调用堆栈页(Call Stack)：列出了当前程序位置的调用过程，从下往上，可以观察到到达当前函数的路径。通常程序运行错误的时候就可以观察这里，找到程序停止的位置，帮助确定设置断点的位置等。

(2)异常设置页(Exception Settings)：可以设置程序异常捕获情况；

(3)即时窗口页(Immediate Window)：用户可以输入一些程序语句，该窗口可以返回计算结果。

上述一些窗口可以根据需要进行增减，此外，由于版本不同，开发环境的设置不同，这里列出的窗口页也会有所不同。常见的窗口页还有：断点页(列出了所有设置的断点)；输出页(一些加载信息，输出信息等)，线程页(用于展示线程信息)等。

附录三:数据生成软件

为了能够验证排序、查找算法的有效性,以及对不同算法进行效率对比,所以需要较大批量数据进行操作的验证。本附录中的代码实现了一个数据自动生成软件,该软件改自 PennySort 网站提供的数据生成软件的源代码①。该软件能够生成指定数量具有三个字段的结构体数据,该结构体定义如下:

```
struct record
{
    char sortkey[10];      //关键字字段
    char recnum[10];       //记录编号
    char txtfld[80];       //记录文本信息
};
```

输入源代码,并编译成功后,可以通过命令窗口运行该程序。运行时需输入两个不同的参数:生成数据记录个数和数据文件名(可含存储路径,缺省情况下会在当前目录中生成文件),从而在指定的文件路径下得到数据文件。

该软件生成的数据可以在第 8 章中加以应用;稍作修改后,也可以作为一个简单的数据生成软件生成一些文本,以提供在第 5 章中使用。

1 实验程序参考——EasyGenData.cpp

```
/****************************************************************
该文件的程序实现了一个自动生成随机记录的程序,所生成的记录总长度为100B
该程序编译成功后,执行输入的第一个参数为生成元素个数,第二个参数为一文件名,用于
存储生成的数据
该程序修改自 PennySort 上下载的 SortGen 代码
主要修改:不使用 buffer,而是生成一个记录直接写入文件。在性能上,若生成大批量数据
则会有所降低
****************************************************************/
    #include <stdlib.h>
    #include <stdio.h>
/****************************************************************
 * 待排序记录:关键字:10 bytes,序列号:10 bytes,数据   80 bytes         *
```

---

① PennySort 是一个排序竞赛,由图灵奖获得者 Jim Gray 创建于 1998 年,是一个每年都举办的数据排序比赛,该比赛吸引了众多高校和科研机构的参与。

```c
    ***************************************************************/
    struct record
    {
        char sortkey[10];
        char recnum[10];
        char txtfld[80];
    };
    const    int RecordSize=(sizeof(struct record));    //记录大小 100 bytes
/****************************************************************
    *  随机生成关键字                                                *
    ****************************************************************/
    void rand_key(char key[10])
    {
        unsigned temp;
        //生成随机符号,生成的符号在' '到'~'之间
        temp=rand() * rand();
        key[3]=' '+(temp%95);
        temp/=95;
        key[2]=' '+(temp%95);
        temp/=95;
        key[1]=' '+(temp%95);
        temp/=95;
        key[0]=' '+(temp%95);
        temp=rand() * rand();
        temp/=52;
        key[7]=' '+(temp%95);
        temp/=95;
        key[6]=' '+(temp%95);
        temp/=95;
        key[5]=' '+(temp%95);
        temp/=95;
        key[4]=' '+(temp%95);
        temp=rand() * rand();
        temp/=52 * 95 * 95;
        key[9]=' '+(temp%95);
        temp/=95;
        key[8]=' '+(temp%95);
    }
/****************************************************************
```

```
 *    生成一个随机记录                                          *
 ***************************************************************/
void gen_rec(struct record * rp)
{
    static int current;
    char     * sptr;
    static char nxtchar=' A ';
    int      i,j;
    rand_key(rp->sortkey);
    sprintf(rp->recnum,"%10d",current++);
    sptr=rp->txtfld;
    for(i=0;i<8;i++)
    {
        for(j=0;j<10;j++)
            *sptr++=nxtchar;
        nxtchar++;
        if(nxtchar>'Z')nxtchar=' A ';
    }
    sptr[-2]='\r';
    sptr[-1]='\n';
}
/****************************************************************
 * 生成指定个数的随机记录,并加以存储,用作排序的数据来源          *
 ***************************************************************/
int main(int argc,char * argv[])
{
    __int64 GeneratedRecords=0;    //Records generated so far
    __int64 DesiredRecords=0;      //Target number of records
    char    * OutFileName;
    FILE    * OutFile;             //Output file
    struct record rec;
    if(argc<2)
    {
        printf("请输入要生成的数据个数,以及存储文件名称\n");
        printf("例如:EasyGenData 1000000 d:\tmp.dat");
        exit(1);
    }
    DesiredRecords=_atoi64(argv[1]);
    OutFileName=argv[2];
```

```
    OutFile=fopen(OutFileName,"w+b");
    if(OutFile==NULL)
    {
        fprintf(stderr,"文件创建失败%s\n",OutFileName);
        exit(2);
    }
    while(GeneratedRecords<DesiredRecords)
    {
        gen_rec(&rec);
        fwrite((void *)&rec,RecordSize,1,OutFile);
        GeneratedRecords++;
    }
    fclose(OutFile);
}
```

2 生成数据例

若我们把编译生成的 EasyGenData.exe 文件存放在"E:\SortAndSearch\"目录下,则首先在命令行方式下进入该目录,然后运行命令"EasyGenData.exe 5000 e:\SortAndSearch\5000.txt",运行完成后将生成一个数据文件"e:\SortAndSearch\5000.txt",其中存储的是数据。下面列出 5 个生成的数据记录,每行表示一个记录,每一个记录头 10 位是记录的关键字,接着 10 位是字符方式存储的记录编号,最后的 80 位是该记录的数据,其中可见字符 78 位,两位不可见字符是"\r\n"。

st|#h^x&h   0AAAAAAAAABBBBBBBBBBCCCCCCCCCCDDDDDDDDDDEEEEEEEEEEFFFFFFFFFFGGGGGGGGGGHHHHHHHH

—"QL.kNy#Y   1IIIIIIIIIIJJJJJJJJJJKKKKKKKKKKLLLLLLLLLLMMMMMMMMMMNNNNNNNNNNOOOOOOOOOOPPPPPPPP

lw,h*H$1   2QQQQQQQQQQRRRRRRRRRRSSSSSSSSSSTTTTTTTTTTUUUUUUUUUUVVVVVVVVVVWWWWWWWWWWXXXXXXXX

>YI"*Y{c!   3YYYYYYYYYYZZZZZZZZZZAAAAAAAAAABBBBBBBBBBCCCCCCCCCCDDDDDDDDDDEEEEEEEEEEFFFFFFFF

$4ZB'=h=(k   4GGGGGGGGGGHHHHHHHHHHIIIIIIIIIIJJJJJJJJJJKKKKKKKKKKLLLLLLLLLLMMMMMMMMMMNNNNNNNN

附录四:排序结果检查软件

在第 8 章的排序算法完成对附录三自动生成数据进行排序后,本附录软件可以对排序后的数据进行正确性检查。

该软件运行时需要输入源数据文件和排序得到的结果数据文件,该软件首先验证两个文件的大小是否一致,之后再检查排序后的数据文件是否有序,若两项都满足,则说明检查通过。为了简化该程序,该程序中并没有验证排序后的数据与源数据集的一致性,建议读者思考并增加这一验证。

1 实验程序参考——EasyCheck.cpp

```cpp
/******************************************************************
* 检查文件是否已经排完序,这里对检查进行一定的简化,主要做两方面检查:  *
* (1)检查两个文件是否一样大小                                      *
* (2)检查排过序的文件中的记录是否从小到大                          *
******************************************************************/
#include <stdlib.h>
#include <stdio.h>
#include <string.h>
/******************************************************************
* 待排序记录:关键字:10 bytes,序列号:10 bytes,数据   80 bytes     *
******************************************************************/
struct record
{
    char sortkey[10];
    char recnum[10];
    char txtfld[80];
};

constint    RecordSize=(sizeof(struct record));   //记录大小 100 bytes
constint    RecordCount=1000;                      //每次读取数据个数
constint    BufferSize=RecordSize * RecordCount;   //缓冲区大小设置
/******************************************************************
* 生成指定个数的随机记录,并加以存储,用作排序的数据来源              *
******************************************************************/
```

```c
int main(int argc,char * argv[])
{
    char    * InFileName;
    FILE    * InFile;        //Output file
    char    * SourceFileName;
    FILE    * SourceFile;
    struct record lastRec, * rec1, * rec2;
    if(argc<3)
    {
        printf("请输入源数据文件名称和排完序的数据文件名称\n");
        printf("例如:EasyCheck d:\\source.dat d:\\sorted.data");
        exit(1);
    }
    SourceFileName=argv[1];
    InFileName=argv[2];
    //打开排序后的文件,并获取文件长度。
    InFile=fopen(InFileName,"r+b");
    if(InFile==NULL)
    {
        fprintf(stderr,"排序后的数据文件打开失败%s\n",InFileName);
        exit(2);
    }
    __int64 SortedLength;
    fseek(InFile,0L,SEEK_END);
    SortedLength=_ftelli64(InFile);
    //打开源数据文件,并获取文件长度
    SourceFile=fopen(SourceFileName,"r+b");
    if(SourceFile==NULL)
    {
        fprintf(stderr,"源数据文件打开失败%s\n",SourceFileName);
        fclose(InFile);
        exit(3);
    }
    __int64 SourceLength;
    fseek(SourceFile,0L,SEEK_END);
    SourceLength=_ftelli64(SourceFile);
    //检查文件长度
    if(SourceLength!=SortedLength||SortedLength%RecordSize!=0)
    {
```

```
        fprintf(stderr,"源数据文件和目标文件长度不一致。\n");
        fclose(SourceFile);fclose(InFile);
        exit(4);
    }
    fclose(SourceFile);
    size_t ReadLength;
    char buffer[BufferSize];
    strcpy(lastRec.sortkey,"     ");    //用最小记录关键字初始化 lastRecord
    fseek(InFile,0L,SEEK_SET);
    while(ReadLength=fread(buffer,RecordSize,RecordCount,InFile))
    {
        rec1=&lastRec;rec2=(record *)buffer;
        while((char *)rec2<buffer+ReadLength
            && strnicmp((char *)rec1,(char *)rec2,RecordSize)<=0)
        {
            rec1=rec2;rec2++;
        }
        if(strnicmp((char *)rec1,(char *)rec2,RecordSize)>0)
        {
            printf("排序错误:\n%100s%100s",(char *)rec1,(char *)rec2);
            fclose(InFile);exit(5);
        }
        lastRec=*rec1;
    }
    fclose(InFile);
    printf("祝贺你!! \n 源数据文件和排完序的数据文件检查通过,排序后的文件有序。\n");
    printf("排序的文件长度为:%d\n",SortedLength);
}
```

2 运行结果截图

在编辑器中输入上述源代码,并编译通过,便可以生成可执行文件。该可执行文件执行时接收两个文件名作为参数,一个是源数据文件名,另一个是排序完得到的数据文件。

例如,我们把编译生成的 EasyCheck.exe 文件存放在"E:\SortAndSearch\"目录下,为了在命令窗口中执行该程序,首先需在命令行方式下进入该目录,然后运行命令"Easy-Check.exe e:\SortAndSearch\5000.txt e:\SortAndSearch\5000result.txt",其中"e:\SortAndSearch\5000.txt"和"e:\SortAndSearch\5000result.txt"分别是存放在"E:\SortAnd-Search\"目录下的源数据文件和排序后文件。程序运行完成后将给出相对应的提示信息,

图 1 中分别显示了正确运行和错误运行的提示信息。

```
E:\SortAndSearch>EasyCheck.exe 10000.txt 10000result.txt
排序错误：
   "c01B{ksP       1206CCCCCCCCCDDDDDDDDDDEEEEEEEEEEFFFFFFFFFFGGGGGGGGGGHHHHHHHHH
HIIIIIIIIIIJJJJJJJJ

   !S{]*>>aP       5033QQQQQQQQQQRRRRRRRRRRSSSSSSSSSSTTTTTTTTTTUUUUUUUUUUUUUUUUUUUU
UWWWWWWWWWWXXXXXXXX

E:\SortAndSearch>EasyCheck.exe 10000.txt 10000-hs.txt
祝贺你!!
源数据文件和排完序的数据文件检查通过，排序后的文件有序。
排序的文件长度为：1000000
```

图 1　排序结果检查运行结果截图

参考文献

[1] 严蔚敏,吴伟民.数据结构(C 语言版).清华大学出版社,1997

[2] M. H. Alsuwaiyel, Algorithm Design Techniques and Analysis. World Scientific Publishing Co.Pte.Ltd,1999

[3] 张乃孝,陈光,孙猛.算法与数据结构—C 语言描述.3 版.高等教育出版社,2011.

[4] 苏仕华,魏韦巍,王敬生,等.数据结构——课程设计.机械工业出版社,2010

[5] 耿国华.数据结构—用 C 语言描述.高等教育出版社,2011

[6] 严蔚敏,吴伟民.数据结构题集.清华大学出版社,1999

[7] Robert L.Alexander J.Data Structures and program design in C++.Prentice Hall,1999

[8] Paul S.Wang.Standard C++ with Object-Oriented Programming.李健等译.机械工业出版社,2003

[9] 谭浩强.C 语言程序设计.清华大学出版社.2008

[10] 黄林鹏,王德俊,张仕.计算机算法的设计与分析,机械工业出版社,2007